THE

POINT

How to Win with Clarity-Fueled Communications

重點

by

STEVE WOODRUFF 史帝夫・伍德拉夫

吳書榆 譯

99%的訊息都是雜訊！
瞬間獲取注意力的最強溝通法則

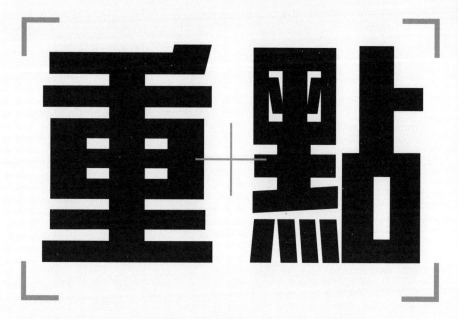

獻給我親愛的妻子珊蒂・伍德拉夫（Sandy Woodruff），感謝四十餘年來妳一直是我的隊友，是我最好的朋友，是穩定的錨，給我、我們的五個兒子、妳的學生與說不完的其他人堅定不移的愛與支持。

還有，妳是全世界最棒的「綜合大總管」！

目次

CONTENTS

推薦序

成功的溝通，能解決人生中九九%的問題

《紐約時報》暢銷書作家、專業演說名人堂（Professional Speaking Hall of Fame）一員

傑・貝爾（Jay Baer）

「我們打造了這座城市，我們在香腸捲上打造了這座城市。」（We built this city. We built this city on sausage rolls.）這兩句話聽來很奇怪，那是當然的。但就像一九八〇年代的很多人一樣，我總是很開懷地哼唱著這首由搖滾樂團「傑佛遜星船」（Jefferson Starship）原唱的歌曲，不過唱的是因為誤聽而被人亂改的歌詞——「嘿，我的香腸捲裡沒有牛肉」，正確的歌詞是「我們用搖滾樂打造這座城市。」（We built this city on rock and roll.）唉唷，就算

是琅琅上口的歌曲，也可能被誤解。一點點咬字不清的發音，加上一點歪曲的比擬，你就得到了混淆人心的公式。

時間過了幾十年，但以清晰這件事來說，卻是讓人愈來愈霧裡看花，不是嗎？從表情符號到聊天機器人，從Z世代口號到企業術語，從客戶服務部門到政府領導者，全都一樣；要「說清楚」或「寫清楚」我們想表達的到底是什麼意思，為什麼這麼難？所幸，史帝夫・伍德拉夫出手幫忙。

我與史帝夫相識十餘年，他很能理解無法講清楚弄明白的根源理由，無人能匹敵，就這樣。更重要的是，他很清楚要如何解決這些常見的問題。他的「清晰燃料公式」可以讓你在生活中每個面向都成為更高效的溝通者。

誰不想要這麼做呢？當你真的往後退一步，好好思考（放點傑佛遜星船的歌，給自己倒杯上等龍舌蘭酒，然後好好想這件事），人生與企業中的很多問題，難道不是因為「不清楚」才出現的嗎？

和配偶吵架了？很可能是釐清與溝通出了問題。和同事溝通不良？原因是有人沒有好好講清楚自己需要什麼。對朋友生氣？你想辦法不要傷害對方的感覺，結果講得不清不楚，現在搞得問題越愈來愈嚴重。

不清不楚的情況四處可見，而我們為此要付出的代價可不只一個香腸捲。待你讀完這本極為務實又好用的書，不僅能預先覺察到不清不楚的問題（這是非常好用的技能），更可以利用史帝夫的贏家技巧修正問題。

不久前有一個朋友問我，哪些人可以從史帝夫．伍德拉夫針對「清晰」和「溝通」所做的研究與努力中獲益。我想了一下，給了一個非常誠實的答案：「僅限於有嘴以及／或者有鍵盤的人。」

如果你屬於這群人，就會愛這本書。本書的理念很切題，而且絕對有很多可以據以為行動的精華祕訣。我在書面、語音、影音和公開演講方面都算是專業溝通者，但每次我啜飲史帝夫滿杯的才情，總是能夠學到新知。

不，我講的不是「吸吮水杯」，那是訓練寶寶喝水用的。看到沒？我們在清晰這件事上有多容易失誤？總之，好好享受這本書吧！

前言

清晰表達，是每個人都能學會的致勝祕訣

溝通這件事，看起來很容易。「訊息傳出去，訊息被接收，完成！」要是能這樣就好了。如果事情真這麼簡單，本書在第一頁就可以畫上句點。

然而，在真實世界裡活了六十餘年之後，我深信高效的溝通是我們都要面對的最大挑戰之一。我指的是我們所有人——全世界超過八十億的人。

我們在一般的日常資訊交流中，時不時都會看到溝通不良的情況。例如：速食店負責得來速車道點餐的人問：「你這個餐要搭配炸物嗎？」待你開車出來後，才發現你拿到的炸物是炸洋蔥圈，而不是你以為的炸薯條。嗯，我個人認為這種差異叫升級啦，但重點是訊息並沒有正確地從頭傳到尾。

溝通的目的不只是把話傳出去；真正的重點，是要達成我們想得到的結

果。我們講的話是一種工具，希望能巧妙地利用這些工具達成特定目標。

假設我們正在聆聽一場尋常的企業簡報，煩躁地坐在觀眾席，講者喃喃地唸著一堆又一堆謎樣的統計數字、圖表和混亂的文句，這個的三大重點、那個的五大重點。顯然講者認為，他沒遺漏任何重點。「講重點！」當你開始規劃逃脫路線時，你也從心裡迅速地吼出這句話。最後，你轉向另一項更有意思的替代品：你的智慧型手機。

對講者來說，這代表一個錯失的機會，對聽眾來說亦然。講者設定這次與聽眾見面目的是要帶來啟發，而不是讓大家受不了。但TMI（這是「Too Much Information」的字頭縮寫，意為「講太多」）重挫了前述目的。同時我們也變成新出爐的「被投影片煩死」（death by PowerPoint）受害人。

在一個雜訊愈來愈多的世界裡，少即是多，簡化與精鍊勝出，贅言與語焉不詳落敗。美國前總統林肯（Lincoln）的蓋茲堡演說（Gettysburg Address）全長不到兩分鐘；在林肯之前講話的人是頂尖演說家艾德華．艾弗瑞特（Edward Everett），他講了兩小時。然而，你記得誰的內容？

失去聽眾的，當然不只有演講者與簡報人。漫無目的的會議、永遠不散會的視訊會議、讓人困惑的電子郵件、喋喋不休的說教……，用糟糕的方式傳送的訊息，接收者就很難妥善地接收。我們都處在忙亂且讓人分心的環境之中，沒人有時間心力去「找出」你訊息內的重點，因此要在這場爭取關注與理解的戰爭中獲勝，最直接的辦法是善用有用的文字語言。記住，愈少，愈好。聽眾想找的是那根針，而不是另一片大海。清晰，不要混淆。

我寫的這本書，能讓你贏得最重要的競賽：把你的重點傳出去，達成你的目標，而且不管在人生的哪一個面向都能做到。當你要踏上這場旅程之時，請記住我的承諾：如果你可以精熟且持續地應用「清晰燃料公式」裡的簡單戰術，就能成為成效愈來愈好的溝通者。

最後，有一點我要先聲明：要能成功溝通，最直接的路徑是用我所說的「大腦友善」格式，包裝你的訊息，而這是任何人都能學會並應用的技巧。

話雖如此，總是會有一些障礙阻擋我們把想法傳達給別人。那麼，就讓我們先從找出擋路的路障是什麼，開始著手吧！

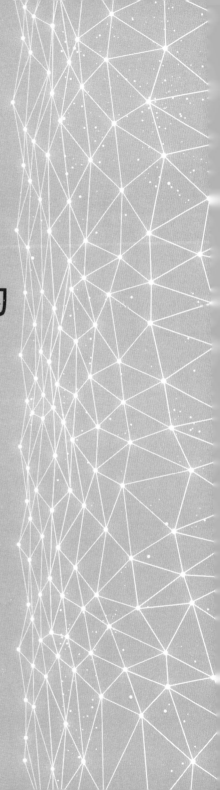

第一篇

讓你溝通失靈的兩大致命因素

每次嘗試溝通，你傳送的訊息都會被丟進充滿騷動與令人分心的忙碌紛亂環境裡。

說話、寫字不需要什麼技巧，此時此刻就有千百萬的語言文字生成，然後被丟進這個世界，但有沒有人聽到？有沒有人理解？這才是最大的挑戰。一般來說，要面對的挑戰有兩個層面，分別是：外部的（環境）與內部的（受眾的心思）。

那麼，具體會遭遇的主要障礙有哪些？

- 有許多其他大聲喧嘩的聲音與資訊流入，很有可能壓過你的訊息；
- 人類處理訊息的系統（也就是大腦）在挑選要接收與記住哪些東西時，十分挑剔。

誰都會說話，但說的話能被別人聽進去的人很少；你會發現，所謂的「訊號雜訊比」（signal-to-noise ratio）高到嚇人。你的受眾大腦會過濾掉很多資訊，遠遠高過接收進來的。但你必須奮戰，克服種種阻力，才能一步一步地贏得「心理占有率」（mindshare）。

這個世界嘈雜喧鬧，好比一場壕溝戰。每天，你的受眾都被轟炸，有太多人每天都在他們面前丟下太多文字話語，彷彿垃圾車跑到他們家門口丟垃圾。你我每天要面對的挑戰，就是要知道如何從中突破，擺脫雜訊。

「清晰」可以幫助你贏得這場戰役，我會為你提供我找到的最佳武器。但首先我們要問：為什麼要讓別人「聽見」與「理解」如此困難？到底有哪些障礙阻擋著我們呢？

因素 1

溝通過程的三個障礙

孫子曾說過一句名言：「知己知彼，百戰百勝。」要在溝通戰役中獲勝，首先需知道自己面對的敵人是誰。

成功的運動教練在訓練團隊準備出戰時，都會想辦法探明當週對手的狀況，包括對手的球員、隊形和弱點等細節。想要求勝，就要智取場上真正的敵人。為此，我們也要先找到對於高效溝通來說最難纏的三個敵人：落差（gap）、雜訊（noise）和迷霧（fog）。

我們要以法國的波爾多（Bordeaux）為起點，展開這趟清晰之旅；這裡是美酒的故鄉，不過也有一個關於「溝通落差」的驚人範例，曾讓人付出重大代價。

落差

「慎重選擇用字遣詞很重要，因為溝通不良會導致誤解，誤解很少能帶來什麼好結果。」
——美國醫學作者　查爾斯·格拉斯曼（Charles F. Glassman）

重點　語言障礙會妨礙他人的理解。

二〇一二年，俄羅斯政壇一位富裕的大老想要在法國置產，於是，他在波爾多附近的伊夫拉克村（Yvrac）買下一座歷史悠久的城堡[1]。他和一家波蘭的營造公司簽下重新整修的合約，其中包括移除一處小型的附屬建物。

俄羅斯業主，波蘭工人，法國工地，嘿，那會有什麼問題？問題可多了。工人誤把整座城堡拆了，是夷為平地的那一種！最後，還有一個令人抓狂的轉折：他們任由頹圮的附屬建物佇立在原地。發生了什麼事？為什麼大家想的都不一樣？

- 業主並沒有把這項工程的核心意圖明明白白地講清楚，他想要的是：把這個地方清乾淨（而不是毀掉）。
- 裝修專案的工頭並未有效地將專案的具體細節內容傳達給工人。
- 裝修案開工後沒有人負責監工，也沒有人修正工作路線。

這裡的錯誤是：有些話沒講明（或遭誤解），進而出現落差，結果導致花掉大把的銀子，事情還沒做成。全世界大約有八十億人，使用約七千一百五十種不同的語言[2]，同時每個人還會把個人人生經驗、認知，甚至自己的定義和意義帶入溝通過程中。人口這麼多、語言這麼多種，還有各式各樣的人生經驗，以致百百種可能性都會導致溝通無效。

以上述的例子來說，語言障礙無疑地進一步加重誤解。我們都曾在某些時候，經歷過和來自不同地方、說著不同語言的人溝通的艱辛體驗。然而，並不是只有說俄語、波蘭語與法語才會出現語言障礙。我們都是凡人，我們身邊有著各式各樣讓人無法領會的溝通。就算在場每個人說的都是同一種語言，還是會遭遇其他類型的語言障礙，例如：

- 一次說太多讓大腦受不了。
- 聽的人不理解專業的術語或縮寫。
- 模糊的通用講法，留有各自解讀的空間。
- 用字遣詞失當，結果傳達出意料之外的意義。
- 分歧的溝通風格無法平順地契合。

只是把文字語言丟出去，就假設接收的人自然會接收到、會理解，這種做法勢必會導致溝通不良。如果雙方之間的連結斷裂，溝通必會短路。

有多少次，我們開完會離場，相信大家都有共識，後來卻發現原來大家對同一件事的理解大不同？這種事每天都上演且無處不在。到最後會發現，**讓大家聚集在同一個地方很簡單，但要讓大家都有共識，可就不一定了。**

我們都知道，像「我愛你」這種常常聽到的話，蘊藏著不同的意義——這是在說手足之情？還是愛情？這句語焉不詳的話醞釀出多少誤解（以及好萊塢電影）？

甚至連數字都可能遭到嚴重誤解。一九九九年，在人類旅行到鄰近火星將近十個月後，美國太空總署的探測衛星「火星氣候探測者號」（Mars Climate Orbiter）要開始研究火星的大氣和氣候，但這項要價一．二五億美元的太空探測器竟然解體、在大氣層裡燃燒殆盡。為什麼會這樣？

太空總署噴射推進實驗室（NASA Jet Propulsion Laboratory）的工程師計算時是使用公制單位。而打造機體的廠商洛克希德馬丁公司（Lockheed Martin）負責提供重要加速數據，但他們用的是英制單位（比方說磅、英寸、英尺）。這種數學上的分歧，已經足以讓探測者號陷入災難結局。

你喜歡很大的數字嗎？以下有一個商業界的驚人指標。文法公司（Grammarly）和哈里斯民意調查公司（Harris Poll）於二〇二二年提出一份報告《商業溝通的現狀》（The State of Business Communication）[3]，發現美國商界每年因為無效溝通付出的成本預估為一．二兆美元。另外，這份報告中還強調了某些十分驚人的數據：

- 企業領導者估計，團隊平均每星期都會因為溝通不良而浪費七．四七個小時。
- 知識工作者提出，他們每星期在工作上要花掉一半的時間用在溝通，且大部分的人（八六％）在這些時候都會碰上溝通問題。
- 以一家有五百位員工的公司為例，每年因為無效溝通而必須付出的成本，預估為六百二十五萬三千美元。

試想看看，你能想像有任何領導者或經理人對你說：「嘿，如果你一星期五個工作天裡有一天像無頭蒼蠅那樣到處亂轉，這沒關係；星期二你可以選擇要不要有生產力。」這種話嗎？當然不可能，但現況就是如此。

你我都承受不起效率和獲利能力遭到拖累的後果。想一想在高效溝通之下，組織與團隊訓練的潛在投資報酬率就好，如果可以全面做到將每星期被浪費掉的時間減少二〇%，成效會如何？

然而，溝通不良的問題不只影響著企業，就連我們日常為了溝通所付出的心力，都可能造成反作用。每一個人都曾對家人、鄰居或朋友說錯話，於是不得不收回或修正。我曾經因為溝通落差而賠了一個月的房租給房東。當時我們沒有特別寫明書面合約，到後來才發現兩邊的解讀剛好相反。

幾年前，我太太當著我的面發表意見（評論對象是帥到不得了的好萊塢／模特兒等級的男性）說她「不會喜歡帥過頭的男人」。當然，這句話是不是也適用於我，並不得而知，但我從沒讓她忘記她講過這句話！

無論如何，只要把話說清楚，就可以逐步幫我們避免以下狀況：

溝通不良
←
誤會誤解
←
犯下錯誤

↓
悲慘結果

但願我可以給你一支魔杖，當你對自己說的話、寫的字揮一揮之後，就可以讓每個人注意聽、正確理解並據以行事。世界上沒有這種魔法，但另一樣也還不錯：你可以利用「清晰燃料公式」來設計自己的溝通，把造成誤解的落差縮到最小。

這也把我們帶入下一項要面對的挑戰，也就是我剛剛講到的「注意聽」這件事。哪些因素導致人們無法理解你和你的訊息？當你理解你每天都要打一場仗，才能搶到受眾的腦部空間時，可能會很震驚，你我每天都要面對粗暴且愈來愈嚴重的、讓人分心的事物：雜訊。

總結：使用精確的溝通語言，可以節省大量成本。

頒錯獎好離譜？這件事發生的機率比想像中更容易

來聊點知名度很高的事件，比方說奧斯卡頒獎典禮（Academy Awards）。這是現場直播，現在輪到美國知名好萊塢演員費・唐娜薇（Faye Dunaway）和華倫・比提（Warren Beatty）打開信封，宣布二〇一七年奧斯卡最佳影片獎落誰家。

華倫・比提很猶豫，遲遲未開口，所以費・唐娜薇出聲了：「得獎的是，《樂來越愛你》（La La Land）！」得獎電影的工作人員一聽見，就要衝上臺去發表得獎感言。

但得獎的並不是他們——哇，這下可嚴重了。

經過幾分鐘難堪的場面之後，終於修正了搞錯的部分，實際上得獎的影片是《月光下的藍色男孩》（Moonlight）。華倫・比提拿到的信封，裡面放的是最佳女演員的得獎名單（得獎者是《樂來越愛你》的艾瑪・史東〔Emma Stone〕）。

之所以發生這件事，不僅因為費・唐娜薇和華倫・比提步調不一致，也因為普華永道會計師事務所（PwC）給的信封內容不正確。就算每個人事前都做了準備，就算在攝影機和鎂光燈下，還是有人不確定提交的訊息對不對。

不論是誰，丟臉出醜總是讓人面子掛不住，如果是在千百萬觀眾眼前，更是難堪。問問美國知名電視主持人史帝夫・哈維（Steve Harvey）就知道了——在二〇一五年的環球小姐（Miss Universe）比賽中，他宣布冠軍得主時也搞錯人了。

雜訊

「喔，雜訊！喔，雜訊！雜訊！雜訊！雜訊！我超討厭雜訊！那些雜訊！雜訊！雜訊！雜訊！」

——摘自蘇斯博士（Dr. Seuss）的《鬼靈精》（*How The Grinch Stole Christmas*），一九六六年由查克．瓊斯（Chuck Jones）和班恩．瓦沙姆（Ben Washam）改編成電影版

重點　你面對最激烈的競爭不是賽局本身，而是雜訊。

一九八九年的聖誕節當天，巴拿馬的獨裁軍事將領曼紐．諾瑞嘉（Manuel Noriega）看到美國軍隊入侵他的國家之後，決定躲進梵蒂岡的大使館裡。他被團團包圍、無望逃脫，但他不放棄。美軍怎麼做？

軍隊把一輛又一輛架著大聲公的悍馬車開過來，用搖滾樂不間斷地轟炸

這位將軍，歌曲放了一首又一首。他聽了衝擊合唱團（The Clash）、U2、范海倫合唱團（Van Halen）、門戶合唱團（The Doors）……，就連瑞克・艾斯里（Rick Astley）都有（想知道播放清單嗎？去YouTube 找找就有[4]）。

就這樣持續播放到一月三日，他投降了——雜訊贏了。你或許不是躲起來的獨裁者，但我敢說，你想要溝通的企圖經常被最強力的敵人（周邊的雜訊）打得潰不成軍。我們（還有我們的受眾）一天二十四小時、一星期七天都沉浸在無窮無盡的語音、影片、數位、直播和虛擬實境等浪潮中。

企業想要提高消費者的品牌忠誠度時，總是根據最大的競爭對手擬定策略，但請注意了，企業最大的競爭對手從來都不是另一家公司或另一個品牌，而是雜訊。

想要爭取注意力嗎？你所面對的最大障礙，是占據受眾心思的一切事物，而這些可能是排到滿出來的行事曆、正在響起的電話、快到期的截止期限、病懨懨的寵物；也有可能是Netflix、Twitter（X的前身）、CNN與Facebook。我們甚至會花大錢買精緻的耳機，把更集中的噪音灌進耳朵裡，好趕走圍繞在身邊的環境噪音。

我們沒有靜音鍵可以按，也沒有降噪功能可以阻止這些讓人分心的雜訊。美國民謠搖滾樂二重唱賽門與葛芬柯（Simon & Garfunkel）唱著〈沉默之聲〉，但你和你的受眾很少能體驗到這種餘裕。

你聽過記者在白宮記者會上喊出問題的刺耳聲音嗎？這是一種由聲音構成的牆，什麼都穿不過去。我們都是坐在後排的人，總想辦法讓自己的聲音被聽見。早在二〇一四年，行銷顧問馬克・薛佛（Mark Schaefer）就發明了一個詞「內容衝擊」（content shock）[5]，來描述個人聲音在過量的資訊（尤其是網路資訊）之下難以被人聽見的現象。現在，雜音的量愈來愈大，根本看不到盡頭。甚至現在我們可以看到的是，未來會被人工智慧生成的內容淹沒到不能呼吸（是不是應該改個說法，叫內容濫造〔content schlock〕？）

愈來愈多來源，以愈來愈快的速度和愈來愈大的數量，製造出愈來愈多的文字語言。我們要對抗以下這些敵人：

- 以全球來說，人們每天花在螢幕前面的時間約為七到十小時，當中包括每天花一百四十七分鐘瀏覽社交媒體，而在這段時間裡，使用行動裝置的比例愈來愈高[6]。

- 媒體使用者每天平均會看到四千到一萬則廣告[7]（包括沒有點擊，只是被動看到的網路廣告）；專業人士每天平均會收到七十五到兩百封電子郵件。
- 現代勞工每個小時平均被人打斷十到二十次[8]。

美國人平均一天查看手機幾次？估計每天約九十六到三百五十次，而這還沒提到隨選娛樂呢！這表示，我們每一分鐘都要重新找回注意力。喔，沒人說這是一場公平的決鬥。所有雜訊加總起來，就會變成你在爭取目標受眾注意力時的一大競爭對手。

在企業界，我們經常會談到交付成果（deliverable，編按：在專案管理中指報告或產品等成果）。你知道當你在扮演溝通者的角色時，主要的「交付成果」是什麼嗎？是「聚焦」——除非你的受眾聚焦在你身上，否則其他都不重要了。人生中的贏家都是能讓他人聚焦的人、能爭取到注意力的人，或者能打敗其他讓人分心事物的人。

想一想，你是不是總是被逼著處理如潮水般湧入的電子郵件，或其他數位訊息？我們的收件匣總是被塞得滿滿的，而處理方法向來是瞥一眼、掃描一下、刪除。人力資源專業人士就是這樣處理一堆又一堆的履歷；潛在客戶也是這樣從多如牛毛的推銷話術中挖出自己想要的。所以，如果要緊的事沒有立刻跳出來，那就不會成為優先要項。

即便不在企業界，其他溝通的主要目標也一樣，那就是要爭取他人聚焦在你身上。不論是什麼主題，你的用字遣詞和想法都需要超越雜訊，才有辦法獲得關注。我能不能讓每一位老師、導遊、教練與詩人都衷心贊同地對我說一聲「阿門」呢？

那麼，別人注意到你的訊息並且認真聽你說（先別說能記住並據此行動了）的機率有多高呢？如果你沒有好好設計一番就想要打敗競爭對手，可說是非常渺茫。想要超越噪音，唯有清楚且動人的訊號能夠辦到。那麼，什麼叫動人的訊號？什麼東西會讓人放在心裡緊抓不放？這件事很重要，千萬不要忽略了，這是幫助你讓他人聚焦的萬能鑰匙。

人類大腦要找的是跟自己直接相關的東西，也就是所謂的「WIIFM」（對我有何好處；What's In It For Me）；我們會在第二章深入探討一些實用的大腦科學，請容我稍後再進一步介紹。

當受眾馬上就懂他們為什麼應該要聽你說話時，你就贏了。你必須要用「讓人覺得需要、渴望或恐懼」的形式來表達你的訊息。機器沒有個人動機，但人有，人會想要自己想要的東西、人會聚焦在重要的事物上⋯⋯，前提是他們覺得很重要。

不過有個壞消息要先說：沒人在乎你、你的公司或是你能提供什麼。唉唷真糟糕！但是，我也有個好消息：如果你成功「設計訊息」說出他們的渴望，他們可能就會開始在乎了。

出於自我保護機制，針對「聚焦」這件事情上，人類的大腦非常自私——這對我有何好處？這件事在此時此刻要優先做嗎？有重點嗎？如果沒有，大腦可能在幾秒之內就把訊息歸類成心智垃圾。因為，這是唯一能從如海嘯般的雜訊浪潮裡整理出有用東西的辦法。

社交平臺根據你目前的興趣、需要和購買行為，投放瞄準式廣告到你的動態消息上，不時造成干擾。為什麼會這樣？因為你的貼文、你的留言、甚至是你近期關注的內容，都會向演算法透露出此時此刻對你而言最感興趣和切身的事物。如果我發貼文談到新買的冬衣，廣告商花錢在投放衣服相關的廣告（這是事先已經有的興趣），就會比在我的頁面上大肆穿插買草皮種子和肥料的廣告，要來得更有效益。除非我已經有發文講到照料草皮的話題，否則後者都是雜訊，因為我要先願意聽，接著我才會在乎。

同理，你必須馬上就讓你的受眾看到他們為何應該在乎你的訊息，因為在注意力的候位隊伍裡，已有太多人等著要爭奪他們的注意力。第一印象極為重要，正因如此，你才要切入重點，而且要快。

雜訊是難纏的對手，但還有另一個敵人隨時準備要模糊你的訊息，那就是「迷霧製造機」。

總結：聚焦在對方關注的利益點上，才能超越雜訊。

清晰聚光燈

掌握「簡易」的要訣，就能創造更多商機

不管買什麼，過去，購物都是很令人心煩且很耗時的過程，直到亞馬遜（Amazon）電商平臺出現，並自詡努力成為「地球上最以消費者為重的公司」（Earth's most customer-centric company）才改觀。該公司創辦人傑夫．貝佐斯（Jeff Bezos）一開始就秉持著這個非常清楚的使命。

我甚至不想去回想我在亞馬遜上面花了多少錢，它讓花錢這件事情變得太容易了。亞馬遜破解了「以客戶想要的方式，為他們提供他們想要的東西」的密碼，包括：

線上即時性？有。
選擇多樣化？有。
評論與推薦？有。
運費便宜或免運？有。
直覺式導覽？有。
退貨不麻煩？有。
一站購足？有。

換言之，亞馬遜的WIIFM是「及時行樂之王」，這家公司去理解我們要什麼：和個人息息相關、容易取得且比較不費力。亞馬遜是電子商務的「便利鈕」（Easy button）——史泰博（Staples）抱歉啦，借用一下（譯注：便利鈕是辦公用品公司史泰博的標誌，意在讓採購辦公用品更簡單方便）。

人們希望交易（包括處理資訊），盡可能不費力氣，因為人類的理性和感性就是這麼運作的。所以，你要用簡化、簡練和方便來寵愛你的受眾。

迷霧

「戰爭是不確定的場域；戰爭中有四分之三的行動根據，都是多多少少籠罩在霧裡的不確定性。」

——西方軍事理論家　卡爾・馮・克勞塞維茨（Carl Von Clausewitz）

重點　偉大的溝通者會撥雲見日，而不是讓情勢更加模糊不清。

幾十年前，美國陸軍戰爭學院（US Army War College）用一組字頭縮寫詞「VUCA」[9]（Volatility、Uncertainty、Complexity、Ambiguity 的縮寫，意思是易變性、不確定性、複雜性和模糊不清）來描述一般所說的「戰爭迷霧」（fog of war）。在進行任何規劃好的軍事行動之前，通常會有明確的目標、策略和戰術，但是，等到第一批子彈開始飛來飛去，就亂成一團了。

此時此刻，戰鬥人員被惱人的戰爭迷霧包圍，沒有人知道接下來會發生什麼事。現實中最好的範例，是電影《搶救雷恩大兵》（*Saving Private Ryan*）前半個小時描繪的諾曼第登陸（D-Day landing）。當士兵和敵人開始近身肉搏後，幾個月嚴密的戰鬥規劃瞬間變成一團混亂。

事實上，在企業和生活中也經常像是一團亂的戰場。於是，企業領導者也採用了軍隊的「VUCA」縮寫詞來描繪我們每天生活在其中的環境。

近年，新冠肺炎疫情讓我們看到會造成嚴重後果的「VUCA」是如何說出現就出現。這個世界向來多變，在這些年的困惑中，我們更看到當經濟、醫療保健、社會與公民秩序等一切的一切，都籠罩在渾沌不明之下，我們都不知道個人和群體將會飽受什麼樣的痛苦。

我沒確診過，但我的生活還是遭受全面的干擾。我的公司幾乎完蛋，而我的客戶則是辛辛苦苦地面對無能為力和人生懷疑；我太太任教的學校，一直試著想辦法撐住、順著時機應變；日常的不確定性很沉重，對每個人來說都是很大的挫折。

在好長一段時間中，一切都讓人疲憊不堪，沒有什麼事情是明確的，有的只有找不到答案的問題。舊金山金門大橋（Golden Gate Bridge）上的霧很迷人，但對於飽受「VUCA」折磨的聽眾來說，迷霧是他們最不需要的東西。人們需要的是穩定，是方向感，是可預測性，是答案。

迷霧會遮蔽心智。不論任何年齡、處於人生任何階段，人們都要有生產力、要健康、要心懷希望，需要的都是清晰而不是混淆。不僅大格局的事物（比方全球疫情）是這樣，在相對小格局的職場上也是如此，員工必須知道他們每天要面對什麼樣的期望。

美國管理學大師史蒂芬・柯維（Stephen Covey）說得好：「如果說商業上有什麼是確定的，那便是不確定性。」

迷霧般的溝通處處可見：模糊不清的行銷訊息、不精準的指令、難解的電子郵件。你不會希望用模糊不清的用語和不完整的概念增加混亂，讓人更搞不清楚。在這方面，最大的敵人之一就是浮濫使用術語。很多電子郵件、網站和簡報資料裝滿了聽起來很重要的用語，但加總起來，只是綜合出「沒有意義的空話」。

來看看以下這團常見的迷霧：「歡迎來到＿＿＿＿＿＿！我們的使命，是要成為最受信任的創新解決方案供應商，為醫療保健整個大社群創造世界級的成果。」你看不出來這家公司實際上是做什麼的吧？我也沒辦法，因為他們用曖昧不明且無意義的用語製造煙霧彈，模糊了我們的視角。

在專業溝通上，很多人費盡心力，卻只是丟出胡說八道、結構零散的資訊團塊，浪費受眾的時間。《少說廢話：三十六秒就讓人買單的精準文案》（*Writing Without Bullshit*）的作者喬許．柏納夫（Josh Bernoff）說，這種毫不用心的溝通方法不僅沒有效率，還很不尊重聽的人，因為對方必須自行花費精力從中找到重點[10]。由此可見，單純傳達語言文字還不夠，你還要凸顯最重要的概念，並且好好組織寫作方式，讓人們能快速掌握你的想法流向。柏納夫所奉行的作家鐵律是「把讀者的時間看得比你自己的時間更寶貴」。**落實清晰，代表你要負責釐清，而不是麻煩受眾自行去做這些事**。

我看過許多徵人廣告，上面列了錄取之後要擔負的職責達十五到二十項，內容通常包含通用且模糊不清的廢話，比方說：

一、和有關的利害關係人互動，以建立最佳實務操作方法。
二、提供新顧客與既有顧客諮詢，提出可以帶動價值的成功計畫。
三、發掘更多機會，強化現有業務線。
四、定期和主管與直屬部屬溝通。
五、配合銷售、行銷與法規遵循部門，創造帶動成功的綜效。
六、關鍵績效指標至上；無論如何都要達成所有關鍵績效指標。

制式樣板、沒有訂出先後順序、如同一團迷霧的工作說明書，是不專業的象徵。人們需要明確的規範，而不是模糊的一般化表述。切記，語焉不詳絕對不是最佳的溝通實務做法。事實上，這種做法正好跟釐清完全相反（我稱為「迷霧化」〔foggification〕），必然會讓人陷入失敗。

安・拉瑟姆（Ann Latham）在其著作《清晰的力量》（暫譯，*The Power of Clarity*）中，開頭講了一個故事[11]，說公司裡有一位副總裁指示新來的行銷部員工「研究這個」。於是，她和她的團隊花了三個星期著手探討問題，並提出一份完整的報告。結果這位副總裁大翻白眼，原來他只想要一份靠直覺反應就能得出的摘要，大概花個十分鐘就好了。

由此可見，只要單純把話說清楚，就可以為身在其中的每一位當事人省下很多時間。

（我有時候會穿一件設計款T恤，風格是賭城的閃亮亮霓虹燈，上面印著「AMBIGUITY: What Happens in Vagueness, Stays in Vagueness.」，意為曖昧：發生在模糊中的事，就留在模糊裡〔譯注：改編自賭城的名句：What happens in Vegas stays in Vegas〕。這件衣服經常會讓我在健身房裡引人側目，讓人竊笑。）

美國金融大師戴夫・拉姆齊（Dave Ramsey）常講一句名言：「不講清楚就是不安好心。」（To be unclear is to be unkind）弄出更多「VUCA」對誰都沒有好處，所以我們在用字遣詞時，應努力追求穩定、確定、簡化與直接——吹散迷霧，讓人有活力、有精力。

那麼，要如何才能吹散迷霧、超越雜訊與彌合落差？把受眾放在心上，好好設計你所有的溝通。數學上有一點對你有利；雖說世界上有八十多億人，但很神奇的是，所有人類的大腦在接受訊息時都有一套共通的標準——每個人都不一樣，但我們都有相同的心智作業系統。

八十幾億人中，每個人都有同樣重要、無須明言、也毫無彈性可言的要求，亦即用我想要的方式給我想要的資訊。每個人都有一項無須講白的要求——弄得簡單點。接下來你會發現，知道如何以大腦友善的方式（意指便於處理）來編排語言文字，是設計高效溝通的關鍵，能破除所有溝通障礙。

總結：幫助溝通對象找到重點，節省彼此的時間。

比起濫竽充數的術語，一語道破更專業

我痛恨術語；你可能也是，而且不是只有我們這樣。就是因為如此，《為何商界人士講話像白癡：鬥牛士指南》（暫譯，*Why Business People Speak Like Idiots: A Bullfighter's Guide*）[12]這本書才會專門來寫這個主題。我真希望是我寫了這本書，太有趣了。

我們來看看書中作者玩笑式的舉例：

「這正是那種具綜效性、客戶導向、向上銷售導向、跳出框架、可客製化、策略性戰略、同級最佳的領導思維，可以幫助我們的客戶維持正軌，一路走到目標。」

你經歷過這種事，對吧？甚至，說出這些譁眾取寵空話的人，正是你。

這本書一開始就開誠布公地說了：「且讓我們面對事實：現今

的商業世界正在胡說八道中快溺死了……，胡話已經成了商業語言。這很麻煩，因為我們在工作上幾乎隨時都要傳達訊息，因為我們需要說服別人去思考或去做什麼……，你大有機會變成一個更有說服力的人。不過若要成為那個具有感染力的人類聲音，要真實真確、具有原創性，而且要讓別人想聽。」

對付術語，最好的方法就是打亮燈、對照出術語實際上有多麼膚淺且不清不楚。你在我的 LinkedIn 訊息上常會看到我特意強調令人髮指的濫用術語範例，原因也就在於此。

因素 2

大腦的自動過濾功能

要把訊息傳達給他人，是望之令人生畏的事，因為你只是感官刺激大漩渦裡的其中「一個」聲音，卻要對抗世界裡其他數不清的混淆不清和分心分神。難上加難的是，你的主顧客（也就是人類的大腦）既自私又沒耐性。每個人的大腦都是永遠的「三歲貓狗嫌」——給我我想要的，現在就要！按照我的方法給我！

然而，與其把「大腦的要求」想成一個問題，不如把這當成你的策略優勢。因為一旦你理解大腦運作的規則之後，就可以「設計」溝通，讓你成為少數可以成功令人理解的溝通者。你只需要知道大腦會接收什麼樣的訊號，然後依樣包裝你的訊息即可。

在本章你會學到很多和自己有關的事，這些可能是你從來都不知道的，特別是關乎你的大腦如何運作。身為溝通者，這些實用的大腦科學知識將會成為最寶貴的資產，也是你的策略盟友。

認識守門人

「不管你要跟別人說的是什麼，人腦注意力平均持續的時間大約只有你說話時間的一半。」

——美國作家　梅格・羅索夫（Meg Rosoff）

重點　大腦的主過濾機制會去判斷最切身相關的資訊是什麼，所以你必須馬上切入正題。

人腦很忙碌。事實上，你的大腦每秒鐘要處理約一千一百萬位元[13]自五種感官接收而來的資訊。這個數目很大，而這樣龐大的數目自然而然導向下一個問題：我們是如何處理這些如同潮浪般洶湧的感官數據，而且在過程中不會瘋掉？什麼因素決定哪些資訊是最重要的？

答案很魔幻，嗯，或者說非常接近我們想像中的魔法。負責處理與分類神經系統數據的，是大腦中名為「網狀活化系統」（reticular activating system，簡稱ＲＡＳ）的部位[14]。這個神奇的生物神經部位負責過濾輸入資料、管理睡醒週期（sleep/wake cycle），並啟動我們的戰或逃反應（fight-or-flight response）。

ＲＡＳ是聚焦的守門人，也監督我們維持注意力的時間。身為溝通者，它是你最難纏的敵手，也是你最好的朋友（前提是你要知道如何破解）。

在我們平常的生活中，甚至不會察覺到ＲＡＳ所做的各項工作，只有在ＲＡＳ拉高層級讓我們刻意去注意、同時把其他資訊當成雜訊推到背後，我們才會有感覺。ＲＡＳ是守護我們意識層次大門口的巨人，只容許ＶＩＰ（very important priority的縮寫，意指「非常重要又優先的事項」）進來。

哪些人或哪些事是VIP？祕密是這個：**RAS會關注新的、意外的、有趣的、造成威脅的或具體特定的訊息，並把不一樣或出現變化的部分報上來，其他照舊如常的就放到一邊。**RAS會密切關注對個人來說有「即時重要性」的資訊，且永遠都在電光石火之間進行決定，判斷出此時此刻真正重要的是什麼。換言之，VIP是和個人有直接相關的事物。

銷售人員一直都要面對一項限制：如果要讓對方聽他們說話，他們得快速理解顧客個人的渴望（也就是他們的WIIFM）。說到底，不論哪一種溝通，這一點都成立。RAS永遠只會調到一個頻道：WIIFM——有相關性的是訊號，其他的則都是靜電雜音。

如果你的RAS決定罷工，你就會變成一大團癱在地板上不斷晃動、沒有知覺的「果凍」，無法分辨什麼事情重要、什麼不重要。

你我天生在做選擇時，就是以自私為導向，這是一種生存機制。你的大腦會關注的是能引起興趣、代表你的優先考量的訊息。身為溝通者，你可以充分善用這項大腦運作基本法則，馬上訴諸對方的個人渴望。所以，請把溝通箭頭直接對準這個目標：RAS——這是前門，也是唯一的進入管道。

不過，**你能爭取對方注意力的時間並非幾小時，甚至連幾分鐘都不到，你只有幾秒鐘**。這不是我訂的規矩，是大腦訂的。

就因為這樣，當溝通對象欲言又止、言不及義，不肯說清楚他們的溝通有什麼目的，或能帶來什麼益處時，我們會感覺到相當沮喪。你在溝通的最初幾分鐘如何包裝訊息，會決定你是能讓對方聽你說、還是僅能成為背景雜訊的一部分。

不論是上課、布道說教、寫書、簡報、會議、建構網站、寫文章、電子郵件、開視訊會議或經營人脈時的自我介紹，一開始都要放進一些非常有意思的元素。從某種角度來看，你永遠在推銷，聽你講話的那個人則想要知道他們為什麼「應該」要聽你說話。

以下這段話是很可怕的開場白範例，裡面看不到任何VIP，「我們是一家充滿活力且以結果為導向的顧問公司，提供各式各樣的尖端解決方案，旨在優化你的企業營運並提升你的組織表現。請善用我們在各業務領域的深入專業，以及我們對於先進分析工具和技巧的掌握度，我們專門提供策略性洞見與可據以為行動的建議，可帶動永續成長並創造價值。」

這段長篇大論或許能有效地哄人入睡，但是並沒有用到「相關性」與「渴望」這兩項重點，顯然不入RAS的眼。無數的網站和推銷話術都是用這類令人昏昏欲睡的語言開頭，這不但沒有瞄準目標對象，還是搬石頭砸自己的腳！

看看改用以下的手法會如何，「我們讓客戶使用率低的CRM平臺轉型，帶動其潛在消費者的發掘，之後客戶的獲利能力平均提高了二二%。」這些訊息讓人訝異、具體且有相關性：我想要提高獲利能力，我想要讓資源利用率達到最佳狀態，我也想要有新的消費者。請再多說一點！

聰明的瞄準目標方法會導引出「請再多說一點」的結果。美國田納西州富蘭克林市（Franklin, Tennessee）新開了一家澳洲咖啡廳？我洗耳恭聽。這項資訊觸及了我的WIIFM。（事實上，這本書有很多內容都是在這家咖啡店裡完成的，這家店叫艾蘿伊咖啡店〔Elroy Coffee Co.〕。）至於雪梨有一家大型無尾熊獸醫院遍及全球？墨爾本發生沙塵暴？這些事不會觸動我的警鈴，讓我覺得跟我有關，但對於住在澳洲的人來說，這些資訊比富蘭克林市的咖啡店更重要。（你知道嗎？澳洲比月球還寬，我就不知道。我們之後再談這個話題。）

讓我們來談一點數據。如果你跟我約在艾蘿伊咖啡店，坐下來討論公事，或許還一起享用了店內美味的香腸捲，這場面對面的互動大約每秒鐘會產生六十位元[15]的感官資訊，而其他的都是雜訊。我們必須找到某種方法，克服 10,999,940 百萬位元的內、外部資訊競爭，才能進入「刻意聚焦」的勝利圈內——這真是一項望之令人生畏的挑戰啊！

美國作家米洛・法蘭克（Milo O. Frank）在《如何在三十秒內傳達你的重點》（暫譯，*How to Get Your Point Across in 30 Seconds or Less*）一書中提到：「你的案子、工作、金錢和成就，全都要靠第一印象。短短幾秒內，你和對方的內心就會形成印象，你和他們也都會據此行動，難道不是這樣嗎？通常，這段時間只夠你講幾個字，因此，最好你講出來的都是最適合的話……，為了幫助你生存、推動業務或發展其他任何關係，你必須能快速且簡潔地傳達出你的重點，三十秒或更短時間內就要完成。[16]」

那麼，在重重刺激包圍之下，如何才能把自己要說的話變成清楚的訊號？要如何爭取到聚焦這項寶貴的資產？我會在接下來幾章介紹這套公式（提示：有很多都和抄捷徑的力量有關）。

不要太灰心，讓我們正向看待這件事情。由於你已經知道RAS是資訊守門員，也知道明確的WIIFM是讓你的VIP進場的通行證，對於身為溝通設計師的你來說，這代表了一大機會。當你知道如何做到RAS友善，與其他只會吵吵鬧鬧喊著要人注意的人相比，你就有了策略上的優勢。你可以學著去設計你的溝通，讓自己在這場「焦點戰役」中獲勝。

總結：三十秒內直指對方關注的事物，才能吸引注意力。

意思要對

「可能會讓人誤解的命令，就會遭到誤解。」
——法國著名軍事家　拿破崙（Napoleon Bonaparte）

重點　要靠解釋才能讓彼此有共識，而不是靠假設。

「替我挑一點番茄。」

「番茄」這個水果，你的說法可能是「柑仔蜜」，而我叫「tomato」，說法的些許不同顯然無礙，但如果我把「柑仔蜜」想成橘子呢？如果你叫我去超市，今天晚上的義大利麵拌的可能就會是帶有熱帶風味的橘色醬汁了。

當然，不會有什麼人會把「柑仔蜜」想成橘子，但就像我之前講過的，這當中總是有很大的誤解空間。事實上，番茄的種類百百種。如果我想的「一點番茄」是四顆牛番茄，而你實際上想要的是十二顆羅馬小番茄，那麼，我們的假設就不同了。而這個，也就是我所說的「心理元數據」（mental metadata）問題。

元數據（亦可稱後設資料）是關於資訊的資訊，也可以說是「描述性標籤」（descriptive tag）。我們總是在不知不覺中用相關的用語、感覺和經驗來分類概念和記憶，而我們的記憶會被獨特的元數據「文字雲」（word cloud）所包圍，因此每個人都會帶著自己隱性的假設和定義。

人類的大腦是元數據機器，裝滿了各式各樣的文字和意義。

> 文奇尼（Vizzini）：「無法置信！」
>
> 伊尼哥．蒙托亞（Inigo Montoya）：「你一直講這句話。我不認為這句話的本意和你認為的意思相同。」
>
> ——取自美國奇幻冒險喜劇電影《公主新娘》（Princess Bride）

X或Instagram這些社交媒體應用程式會使用「主題標籤」（hashtag）這

個詞（以及符號）來顯示元數據。當你在照片或貼文上加上主題標籤，這些描述性標籤就會把額外的意義元素加到你的訊息脈絡之上。

要想溝通清晰，要素之一就是確認我們「沒有明講」的主題標籤是一致的。要好好解釋，才能把期望調整到一致。法國哲學家伏爾泰（Voltaire）是這麼說的：「**如果你想跟我對話，請先定義你的用語。**」

當你點餐完之後，為什麼餐廳裡熟練的服務生會問一連串的問題來確認呢？很簡單，他們希望確認自己準確地把你的希望傳達給廚房。萬一點的菜被搞砸了，任誰都會滿臉不悅、感受不佳。

我有一位製藥產業的客戶，某次他和一家代理商簽約，要求對方先做一份「背景資料報告」。代理商為了這件事花了很多錢和很多時間，最後提出一份很冗長又很複雜的報告以求達成目的，但實際上客戶想要的，只是提出簡短且直接的說明解釋就可以了。各方當事人對於「背景資料報告」各有定義，並理所當然地認為雙方的理解都相同。這種配對錯誤的元數據問題，是高效專案管理界所面臨的最大問題之一。

那麼要如何克服意義不一致的問題？以下有一套我一直在用的方法：當我擔心受眾和我的理解可能不同時，我會先講一個詞或說一句話，然後說：「我這麼說的意思是……」之後再補上用來釐清的定義、範例或解釋。

這個方法在使用技術性用語時，特別重要。軟體工程師可能會講出「直覺式ＵＩ設計」，但如果沒有多加解釋，聽的人很容易就誤解這個詞；這時應該要補上說明，「這個意思就是使用者介面設計，也就是想辦法讓人和程式可以互動，讓人可以簡單地存取、理解和使用程式。」

對於顧問人員來說，最大的挑戰之一是要進入客戶的腦子裡，用明確的方式把他們心裡想的意思挖出來。美國文案專家湯瑪斯・克利佛（Thomas Clifford）會用一套他名為「同步文案撰稿」（inSync Copywriting）的手法，很有效率地讓雙方想的意思搭上線。他不浪費時間、金錢和資源在反覆的電子郵件往返過程中，而是在Google 文件（Google Docs）上，和企業對企業（business-to-business，簡稱Ｂ２Ｂ）的客戶即時同步撰寫，這表示，他完全和客戶的思維同步，也能以百分之百的準確度掌握對方的專業。

我很愛一句話（一般認為是英國劇作家蕭伯納〔George Bernard Shaw〕說的，但實際上原出處眾說紛紜）——「溝通中最大的一個問題，是人們錯以為已經溝通過了。」每當我在演說時強調這句話，臺下每個人都深有同感，因為我們都經歷過。（順帶一提，我可以向你保證，以我的個人經驗來說，把你的書交給專業人士，由他們以火眼金睛嚴格編審，就等於是練習把你沒說出口的假設和不精準的意義明明白白地講出來，不過你要付大錢才能享有這項特權；所幸我不用，謝了，賈許〔Josh〕。）

人類有未曾明言的「心理元數據」，是鐵錚錚的現實。如果你認為把話說出口便能自動精準傳達你心裡想的意思，這是一種錯覺，得趕快破除。絕對不要假設每個人對同件事的理解都一樣，永遠要做好準備去解釋、定義和釐清，這是你要成為大腦友善的溝通者，務必要做的事情之一。

大腦隨時隨地都要處理大量的其他資訊，因此，你在釐清意義的時候也得非常快速。

總結：留意雙方心理元數據的不同，降低對溝通的影響。

知道限制在哪裡

「簡單且切中要旨，永遠都是傳達重點的最好方法。」
——美國市場行銷專家　蓋伊．川崎（Guy Kawasaki）

重點　你的任務是在分到的有限大腦空間裡，巧妙地種下正確的想法。

如前文所述，「忙到瘋掉」甚至已經不足以形容我們每個人大腦裡的活動。大腦占身體總重量約二%，每天卻用掉你約二〇%的能量[17]。而這個身體限制也導引出一個問題：受眾心裡還有多少沒有配置出去的資源，可以容下你我要說的話？

答案是非常少。關於這一點，我喜歡這樣解釋：除非你是我的近親或密友，否則你在我心裡只能得到一小點的空間；在以記憶建構的房地產中，你只有一片瓦。當然，這是一個混合式的比喻，但直指重點，對吧？

電商網站亞馬遜需要儲存更多資訊時，會蓋新的資料中心，但大腦沒有這樣的餘裕，我們無法長出新的大腦中心以提高處理和記憶資訊的能力。

我們生活在一個互相連結的世界裡，資訊密度大爆炸，隨時都有千百萬件事「吼」著要我們注意。我們總會認為，自己和自己的訊息對別人來說是最重要的，但事實是，對別人來說，我們說的話只是他每天必須處理的大量資訊當中之一而已。如果受眾的大腦必須要花費許多心力來弄清楚我們所說的話，那它就會……放棄這麼做。

為何人類本能就會拖延去讀冗長、複雜的電子郵件？因為大腦會覺得「這份工作太繁重了」。人天生就好逸惡勞，我們本能逃避多思考、多處理、多記住、多做事。誰想要做這些？

每當在說明業務、課程或是訊息時，我們總會不自覺想要多加一點，而不是減少一點，但這樣大錯特錯！這麼做只會讓大腦受不了，於是降低正確訊息通過RAS並融入記憶當中的可能性。基於這個理由，你應該濃縮訊息，且盡可能縮到最小；你的目標是壓縮，而不是包羅萬象。**成功傳遞訊息的精髓，切記：少即是多。**

關於這一點，放到經營專業人脈的網路上最貼切；你只有「一丁點」的時間能留下好印象。事實上，自我介紹時你應該將典型的「電梯推銷詞」（elevator pitch）進一步濃縮，想辦法精簡成一句經典名言，而這就是我所說的「記憶飛鏢」（memory dart）。我在我的另外一本著作《清晰致勝》（*Clarity Wins*）裡，用了一整章來說明如何打造記憶飛鏢。

律師、銀行家、財務顧問、房地產經紀人等人都面對一項挑戰：要和許多擁有相同職銜的人一較長短並脫穎而出。一位名叫J．K的律師用了很特別的記憶飛鏢來介紹自己，讓我永遠記得她，「我進了法學院，所以你不用。」她沒有提出無聊且冗長的說明來講解律師這一行的概況，她只用了一句很有趣且讓人記憶深刻的話。

你要在一個充滿落差、雜音與迷霧的環境下傳送訊息，你要面對的是一顆被嚴格的守門員把關的大腦，內含大量雜亂的元數據，而且沒太多容量可以應付額外的工作。你說出來的話如果不能變成助力，就會變成阻力。德國作家魯道夫・菲爾紹（Rudolf Virchow）說：「以寫作來說，簡練的文風最能保證讀者會細讀。」

總結：愈簡短扼要的內容，愈有利於對方接收。

清晰聚光燈

歡迎進入決策超載的時代

大腦科學令人極為著迷。現在我們還有很多未知的部分，科學家正持續推進與琢磨各式理論。《紐約時報》暢銷書作家丹尼爾・列維廷（Daniel J. Levitin）在他的著作《大腦超載時代的思考學》

（*The Organized Mind*）[18]中深入研究，解釋了人類的大腦如何從資訊旋風中找到自己的路；他把其中一個概念稱為「決策超載」（decision overload）。

「一九七六年，一間超市大約平均進九千種不同的貨品，如今這個數字暴漲到四萬，但一個人平均只需要超市裡一百五十種品項就可以滿足八〇%到八五%的需求。這表示，我們必須忽略店裡的三萬九千八百五十種商品……『忽略』與『決策』都需要成本。神經科學家發現，人類之所以沒有生產力和失去幹勁，原因可能就出在『決策超載』。」

這項結論可以外推到生活中的每一個其他面向，因為資訊量大增，使得需要分類、評估與決定的事項不減反增，而且各個面向均是如此。試想，在某個晚上決定要看哪一部串流電影，是一件多麼困難的事啊！

根據我目前為止談過的內容，讓我們小結一下：與大腦為敵的溝通設計會是什麼樣子？以下列舉四種最糟糕狀況，請務必避免。

你不應讓人受不了

受眾（可能是一個人或一群人）的腦袋，已經裝滿各種感官輸入資訊，所以，不要用很渙散的方式，太快丟出太多資訊，這會讓他們的神經元超載——讓別人的日子更難過，這難道不是對他人時間和精力的不尊重嗎？醫師的希波克拉底誓詞（Hippocratic Oath）很簡單：首先，不可造成傷害。身為偉大溝通者的第一條公理也很類似：首先，不可讓人受不了。做簡報時不可以、網站首頁不可以、電子郵件裡也不可以。

讓人受不了，等於被人關在外面。你的受眾需要的是喝杯水，而不是接受水刑。給一份餐點就好，不要自助餐吃到飽。

總之，不要榨乾別人的精力，為此，你自己必須做好溝通設計，把你的訊息變得親切且容易處理。

你不應讓人困惑

語焉不詳的聲明、不斷句的句子、專業術語、架構凌亂的資訊，凡此種種都會製造更多的迷霧與雜訊。如果接收你訊息的人還得自行解讀資訊，那就等同製造出各式各樣的誤解空間。

你有聽過一種說法叫「說得很清楚，聽得很模糊」嗎？這可不是你想得到的評價。搞不清楚之後，就只會得到「不知所措」加「犯錯」，所以不要再加重模糊不清所造成的痛苦了。除了哲學家，一般人要找的都是答案，而不是更多的問題。

為此，不要散播更多的不確定，而是要練習簡化、盡可能清楚具體，把害別人落入失敗的機率降到最低。

你不應浪費時間

時間是無法再生的寶貴資源。在商業界中，需要的是精簡、專注和有效率的系統，這當中也包括溝通。每一次的往返、每一個錯誤、每一項被忽略的訊號，都代表了資源配置失當。時間就是金錢，兩者都不可浪費。浪費時間等於浪費機會，所以簡練勝出，要直接切入重點。

RAS分配給你、讓你爭取注意力與參與度的時間極少，這意味著要想辦法盡可能把最多的意義塞到最少的字裡。

你不應逕自假設

如果你可能被誤會，那你就會被誤會——這是人生經驗。當你明白每個人的背景、經歷和心理元數據都不同時，就能培養出更小心解釋意義的本能。然而，就算對方理解你說的話，也不保證他們能理解你的意圖與期待。「假設」可能導致各說各話，因此，請解釋、調整並記錄。如果你必得犯錯，也請錯在把話講得太清楚。永遠都要使用簡單的用語和書面做出摘要，這樣一來，對方才不會帶著隱而未覺的誤解離開。

我們可以把上述「溝通四大錯誤」總結成一項主禁忌：你不應打迷糊仗。打迷糊仗，就是傳達不清不楚、模糊不明或艱澀難懂。我第一本書的書名叫《清晰致勝》，如果要想另外一個書名，我想就會是《迷糊仗落敗》。

「打迷糊仗」會讓心理與情緒操作系統凍結，無法運作。因此，我們要反其道而行，每一個人都要成為有造詣的語言大師（定義：巧妙使用語言的人），成為人類智慧（不是人工智慧）加持之下的文案撰稿人。

寫作專家傑克．艾波曼（Jack Appleman）的教學主題，是在企業與學術環境中寫出成功商業作品的寫作原則，他說他在指導客戶（他們多半都有深厚的技術專業）時一直碰到的最大問題，就是他們不懂得如何在一開始就用「簡單的說明」來解釋整件事[19]。不論是寫作還是演講，他們都會回到心智操作運作系統的預設模式，提供太多的背景資訊與細節。於是，艾波曼幫助這些企業主管發展出一套簡稱「BLUF」（bottom line up front，意為「重點放最前面」）的簡單開場白，然後提供概覽脈絡——提供快速摘要，精準聚焦納入其他素材。

大腦很清楚什麼是它不要的；它要的是清晰。最後在結束這一節之前，讓我們花幾分鐘更仔細定義我們所說的「清晰」一詞，指的是什麼意思。

以下是我對清晰的操作型定義——**以對大腦友善的說法，來表達精準聚焦的概念**。我會列出幾十種最高效的用字遣詞方法，讓你激發對方大腦注意力。在每一項清楚表達的資訊下是我們要說明的焦點，也就是特定的概念、目的、目標或意圖。想法上的精準清晰，有助於達成表達上的精準清晰。

我認為至少在四個面向上，必須達成精準清晰：

一、目的上的清晰（「目的」要回答的是「為什麼」？）

二、方向上的清晰（「策略性方向」要回答的是「去哪裡」？）

三、期望上的清晰（釐清期望是為了導引他人，要回答的是「是什麼」與「如何做」？）

四、表達上的清晰（我們如何有效地把訊息傳達給他人？）

本書大部分的重點會放在第四項，也就是表達上的清晰，但很快地你也會發現，精準聚焦清晰的其他面向，亦能為我們提供養分，有助於讓我們使用更有效率的用字遣詞。

我曾經試著讓我太太理解我工作上的「客戶工作坊」是在做什麼（諷刺的是，那次工作坊的主題是談溝通上的清晰）。當時我趕著出門，時間不多，結果反而弄巧成拙，給了她不清不楚、片段零碎的訊息，讓她完全摸不著頭緒。後來我對她坦白，我違反了我的所有溝通原則。我也很懊惱地向客戶坦承這件事，當成應該避免的不良範例。我們都做過這種事，對吧？

這讓我看到一個最顯而易見的立論：每個人都可以藉由應用這套務實的方法，增進清晰度、達成精準溝通而受益，沒有任何例外。無論是執行長還是業務員，是為人父母還是牧師，是資訊科技專業人士還是行銷人員，是作家還是社交媒體有力人士，一體適用。這個道理適用於每一家公司、每一種職稱、每一種職能，任何年齡、任何語言的溝通者。**概念與用詞上的清晰，到哪裡都可以暢行無阻**。

我大部分的職涯都在商業界服務（尤其是醫療保健和生命科學），你之後也會從我引用的很多範例中注意到這一點。我在工作上的角色定位向來是以巧妙使用文字語言為核心，涵蓋了銷售、培訓、行銷、寫作和顧問等領域。我要自招，我寫過也講過無數毫無用武之地、無法發揮預期效果的文字語言。要讓機器與機器之間彼此精準地交換資訊，相當容易，但換成人類呢？就沒這麼簡單了。

然而，不論是誰、不論是哪一個人類活動領域，我提出的架構確實都可適用。**如果你使用語言文字與人互動，就要練習把話說清楚。**

需要「清清楚楚」並不是一個新概念，事實上，幾千年來的哲學家、語言學家、作家與演講家都強調過用字遣詞要有技巧。有一句據傳是古希臘醫師希波克拉底（Hippocrates）所說的名言就說得很好，「語言的主要用處是釐清。」（The chief virtue that language can have is clearness.）

語言有一個很崇高的目的：闡明。語言可以撥散雲霧、讓光照進來。你或許不是光明會（Illuminati）的成員，但我希望你可以加入我們的行列，成為技巧精熟的點燈人。

那麼，就從現在開始，我要授予你一個新的稱號——溝通設計師。（事實上，你早已擁有這個稱號，我明講出來只是為了讓你體察到這一點）。我寫這本書的目的，是為了向你保證，無論你在企業或人生中扮演什麼角色，只要練習在文字運用上做到簡練、簡化和清晰，就能在設計溝通時達到極高成效。（除非你是個殭屍，因為殭屍都只會發出「咕噥」聲。）

- 想要在領導上有所成就嗎？那你就要成為巧妙的溝通設計師。
- 想要達成高效銷售或行銷嗎？那你就要成為巧妙的溝通設計師。
- 想要擁有強而有力的品牌使命並傳遞出這樣的訊息嗎？那你就要成為巧妙的溝通設計師。
- 想要利用簡報、課程與布道發揮影響力嗎？那你就要成為巧妙的溝通設計師。
- 想要推進事業發展嗎？那你就要成為巧妙的溝通設計師。
- 希望別人讀你的電子郵件然後有所行動嗎？那你就要成為巧妙的溝通設計師。

在這個人工智慧正在深深侵入文字創作的世界裡，我們人類的迫切任務是要變得更熟練、更有創意，更能透過清晰的溝通技巧來與其他人搭上線。

你可以做到。你可以超越雜訊，在他人心裡點亮燈光。在本書，你會學到直截了當的清楚溝通規則，也會得到實用的工具幫助你達成目標。

總結：避開四種糟糕的溝通狀況，用對大腦友善的方式做好表達。

清晰聚光燈

不論從事什麼工作，懂得說故事好處多多

最擅長（或者說，應該是最擅長）創作出有用文字、避開艱澀術語、語焉不詳與其他嚴重錯誤的人，就是專業文案撰稿人，比方編劇和電影製作人。

二〇〇九年，因為金融風暴，湯瑪斯・克里佛（Thomas Clifford）[20]放棄了擁有二十三年資歷、獲獎無數的紀錄片製作人工作。因為曾經製作與執導六百五十部行銷影片，他很懂怎麼說故事，卻沒有其他技能（或者說，他自己是這麼想的），而這讓他陷入了又深又可怕的黑洞裡。

不過，我知道克里佛是很出色的採訪者，他很清楚何謂「清楚傳達的訊息與對話內容」，那麼把這項技能應用到文字寫作上，會如何呢？他無須改變本來的身分認同，只需要調整所使用的媒介就好。於是，他愛上了文案撰稿，因為這項工作可以把行銷、銷售和說故事三者融為一體，只是沒有影片罷了。

克里佛很快就發現，企業對企業的世界裡習慣大量使用術語寫成的資訊，處處都是語意不清，沒什麼清晰可言，這條溝通大罪沾染各處。他自問：「誰要來寫這類東西？」他的答案是：「應該是我……，但我要做到一點術語都別用！」也因此，他展開創意之旅的下個階段。

第二篇

高效工作者的最強清晰表達公式四步驟

要成為一個成功的溝通設計師，有點像是照著食譜料理；你要找來對的食材，按照順序處理並把食材融合在一起，方能得出美好滋味。

在此，所謂的美好滋味，就是以「大腦友善」的方式，妥善運用文字語言。「清晰燃料公式」是一套你可以輕鬆遵循的四步驟流程，並適用於所有溝通。（請注意，這套公式主要是用於有規劃和有目的之文字語言溝通，不涉及肢體語言和臉部表情，也不用於非正式對話、體育隊伍加油、枕邊細語或派對聊天。）

人可以根據已知的規則做到高效溝通，明白這一點讓人甚感安心。人類的大腦被設計成從感官接收資訊，再從中找出熟悉的資訊、分析新資訊，賦予意義之後再得出結論。

我已經提過最高指導原則：大腦要求用它想要的方式，得到它想要的東西。我們的工作，就是根據大腦想要的規格來設計溝通。誠如前述，人類的大腦有一套操作系統，而操作系統根據規則運作。你要勝出，就要配合操作系統。

摺紙是折疊的過程，清楚的溝通則是拆解的過程。任何講者都可以拋出一大堆雜亂、揉成一團的資訊給群眾，但如果希望人們能好好吸收訊息，就要用巧妙的方式傳達。

我曾經在法國一家四星級餐廳擔任服務生，如果我先上甜點、把帳單丟在桌上、把沙拉堆在主餐上、最後才端出開胃菜，就會毀了客人的用餐經驗，因為這樣破壞了規矩。

高效溝通不會湊巧出現，現在讓我們檢視四個合乎邏輯且對大腦友善的溝通步驟，讓你可以實作應用，並把混淆與隨機性降到最低，創造出最高效的溝通。

一、**定義重點（策略）**：開始編纂文字用語前，先決定溝通欲達成的目標與意圖到底是什麼，比如：為什麼要發出這封電子郵件、開這場會、做這次簡報與寫本書的這一章？預期的結果是什麼？

二、**直指重點（排出序列）**：把吸睛且相關的資訊放前面，馬上抓住注意力。

三、**聚焦在重點上（簡化）**：善用各種定義、說明和捷徑來設計訊息，以克服任何心理元數據差異，激發大腦的注意力並創造出意義和記憶。

四、**與受眾達成共識（鞏固）**：記錄結論，提出清楚的摘要，發出具體號召刺激大家可以起身行動。

公式中每一個部分都立即可用，也不會在你熟練了之後就沒用；高效溝通是終生都要努力的課題，你要成為溝通神廚！

步驟 1

定義重點

「有目標的人會成功，因為他們知道自己要往哪裡去。」
——美國廣播電臺演說家、作家　厄爾．南丁格爾（Earl Nightingale）

每當聽到別人滔滔不絕地一直說話時，我總會不斷地提問：「好，所以你的重點是什麼？」從一大堆廢話裡面篩選出你的重點，不該是我的工作。你可能把重點埋得很深……，或者更糟的是，你根本沒有重點。

什麼是「重點」？我的定義是**濃縮你的目的和希望達到的結果，變成一句可以讓別人聽懂的話**，這就叫重點。美國已故知名作家史蒂芬．柯維（Stephen Covey）曾說過一句很有名的建議：「以終為始」（begin with the end in mind）。

簡而言之，**開口之前要先擬定策略**。

比如說做簡報，你做這件事的目的是要讓其他人知道某些資訊。你可能是要教授某個科目或負責培訓、想要緩和某個緊張的局勢，或是要銷售特定的服務。不論使用哪一種溝通方法，你都希望你的受眾（不管是一個人還是一群人）離開時有收穫。

美國已故前總統甘迺迪（John F. Kennedy）號召全美上下在太空競賽上與蘇聯一較高下時，他講出了非常明確的重點：要在一九六〇年代結束之前把人類送上月球。「我們選擇在十年之內登月」（We choose to go to the moon in this decade）是他的簡單宣言，沒人會搞不清楚目標是什麼。

你必須自己定義出重點，之後才能傳播給別人，否則這就好像你懶得輸入目的地，卻期待導航「帶我過去」。

闡述重點時，你也同時回答了其他人沒問出口的「為什麼」和「我們要往哪裡去」等問題。

我們來做一項很有趣的練習。去看一下你電子郵件裡的寄件備份，翻一下最近寄出的五封郵件，看看你能不能用一句摘要來說明每一封信的重點（也就是你的目的或欲達成的結果）。接著，請你做同樣的練習，但這一次要檢視收件匣裡別人發給你的五封郵件。

你可能會發現一些讓人頭痛的惱人問題，如果接收訊息的人找不到重點，郵件就很難有效果。

要修正這種情況，可以事先詳細說明每一次溝通想要達成的目標，也就是重點。請用以下這個簡單的「從A轉向B」模型來思考：

這個模型的具體運作方式如下：

- 訊息接收者（可能是一人，也可能是一群人）現在正在用某種方法思考、感受與行動，這是現狀，也就是A點。
- 你要如何讓你的受眾跟上你傳達的訊息，改用不同的方式思考、感受與行動？你想要的具體改變是什麼？這是B點。

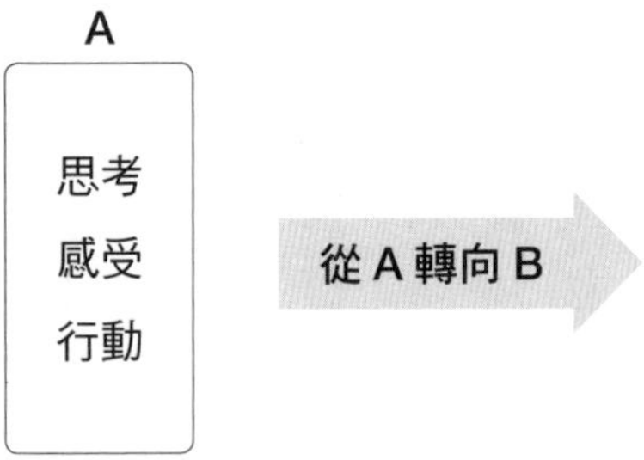

從A轉向B就是重點，也就是目的、是你想要的結果。換言之，你必須自己先勾勒好藍圖，才能畫出來給別人看。

我們來看看一個常見的商業範例。業務經理在指導一位負責跑現場的業務代表，因為他從不做「銷售洽談規劃」。這位業務代表覺得自己很有談天說地的天分，因此抱持見機行事的心態。這種做事方法很有問題，需要好好補救。

如果業務經理指出「你說了很多，但規劃得太少」，此話或許很切實，但沒把重點講清楚，因此沒辦法當成行動依據。比較好的說法是：「跳過銷售洽談規劃，會使你在和客戶互動時難有效果。我建議你以後聯繫顧客時，要先花十五分鐘重溫之前的內容，並針對現在正在處理的延伸應用，制定要傳達的資訊，特別是要強調這兩個成功案例。」這是一個深思熟慮的重點，還加入了實際的行動轉向。

唯有具設定好目標且切實可行的指導，才能導向可衡量的結果。談到領導團隊時，不要忽略公式裡「感受」的部分，這非常重要。

我跟很多為人父母者一樣，一直以來都看著孩子參與各種不同層級的運動。最好的教練能看穿每個孩子的自我評價，並為手下的孩子們注入信心，讓孩子們覺得自己「可以辦到」；他們希望孩子壯志昂揚，直接迎向挑戰，不要害怕，不要洩氣。

同理，當組織領導者注意到公司的觀點僵化頑固，可能會在領導階層的會議上說：「我們需要更多元化。」這句話沒錯，但意思太模糊，沒辦法轉化成行動。比較好的說法是：「在接下來十八個月，我們要聘用或晉升至少三位三十幾歲、極為理解科技與年輕市場的資深經理，我們要如何用最好的方法完成這個目標？」

提出重點，接著明確闡述，是鋪好路幫助其他人成功的方法。如果對方明確感受到用意，就更容易展現適當的回應。反之，模糊不清會讓每個人都覺得很挫折。

全球知名的逸林酒店（DoubleTree Hotel），會在客人登記入住時溫馨奉上一片巧克力餅乾，為什麼？因為酒店希望客人覺得開心、賓至如歸，也希望他們記得這種感受，如此下一次旅行時就會再度選擇入住這家酒店。此外，酒店還希望客人跟其他人聊起自己的入住經驗，像我就會。

當我與我的個人或企業客戶坐下來描繪策略方向與訊息時，我最終的目的是什麼？很簡單，我希望他們好好思考，自己的技能與幹勁要如何搭配特定的機會，我要他們感受到對未來的希望與自信，並清楚明白告訴別人他們想實現的目標是什麼。

這就是我在「清晰導航」上設定的目的地。

人們需要知道為什麼，也需要展望目標。如果想要激勵他人行動，要讓他們（還有你自己）知道重點何在。

總結：具體地分享目標與方向，是成功溝通的第一步。

清晰聚光燈

打造更有人味的商業環境

航空公司是龐大且複雜的組織，人們通常感受不到當中的「人味」，甚至會覺得它們可以彼此替代。我是說，不就坐飛機？搭哪一家航空都一樣，對吧？然而，當赫伯・凱勒（Herb Kelleher）與其他合夥人共同創辦西南航空（Southwest Airlines）時，他走出了不一樣的路[21]。他希望搭飛機變成一種令人享受的經驗，他希望他的員工能散播歡樂散播愛（事實上，直到今日，這家公司的股票代碼還是象徵愛的ＬＵＶ）。

商業大師曾用商學院的難題去問他：誰比較重要？是股東、員工還是顧客？凱勒說員工第一，如果好好對待員工，他們就會好好對待外面的世界，如此，外面的世界就會再度使用公司的服務，而這會讓股東開心。

凱勒明白，如果員工有很棒的職場體驗，他們就會提供絕佳的搭機體驗，因此，他很努力在全公司講明白：創造出有趣、關愛、以人為中心環境，可以把航空旅遊變成一種享受，這是獲利的前提，也是獲利的方法。

西南航空和其他同業一樣，遭遇過挑戰，也出過錯，但在這家公司的DNA裡已經嵌入了改變，扭轉了人們對於飛行能有（以及應有）的感覺。

步驟 2

直指重點

「寫作有四大前提：清晰、簡練、簡潔和人性。」

——美國知名作家　威廉・金瑟（William Zinsser）

無論你要設計的是一本書、一份簡報、一場會議或一封電子郵件，你要做的最重要之事，就是快速地讓受眾知道他們為何要聽你說。

如果你自己在混亂中摸不著路，讓受眾提心吊膽，就不是一個好的資訊領隊該有的作為。有些人花了很多時間想要找到重點，但他們就是……找不到，或者說，至少在還有人願意聽他們講時，都沒有找到。

不要叫我們等待，我痛恨等待；如果我想要迂迴地轉進B點，我會直接看加長版的電影《魔戒三部曲：王者再臨》（*The Return of the King*）——結局多達七種。

設計溝通序列

那麼，要怎樣能夠不突兀也不牽強地直指重點呢？很簡單。在簡短、客氣的介紹之後，就把價值宣言端出來。能夠吸引目光的電子郵件都有吸引讀者願意往下讀的句子，馬上切入相關重點的網站也能營造出參與互動。

換言之，你要設計出有效的「序列」。欲吸引人類大腦的注意，需要合理的流程、聰明的安排，舉例來說，以下是我經常使用的設計序列：

一、**爭取關注**：花幾分鐘去掌握對方能撥出來的六十位元焦點。

二、**展現相關**：立刻讓RAS知道為何此時的互動很重要。

三、**分享資訊**：現在你有把握了，可以和對方多分享一些細節。

四、**號召行動**：如果本次的溝通有預設結果或是要發出行動號召，互動之後就可以講要一起去做什麼事情了。

三十秒的藥品電視廣告把這套模式用得出神入化。為什麼？因為這套模式很直覺、很有序，且對大腦友善。套入藥品廣告來說：首先提出一個健康問題；這裡有個解決方案；關於這款藥有一些你需要知道的資訊，例如副作用；你要動起來：去和醫生聊聊你適不適合這款藥。

高效的網站行銷人員會設法抓住對方的注意力，導引潛在客戶更深入其他資訊，並敦促他們有所行動。偉大的傳教士、勵志演說家與銷售人員也是這樣，你同樣可以做到。

孩子最早從玩具、文字和字母上學到的是什麼？根據適當的順序排列。以挨家挨戶義賣女童軍餅乾為例。首先，你要按門鈴，接著要自我介紹並說明目的，然後概述要傳達的訊息，並可能要發出行動號召（比方說「請購買十二盒！」）。你不能闖進我家、拿走我的錢，揚長而去時才回頭按門鈴。換言之，透過設定順序，我們可以理解：有道理的「先這個，後那個」

模式最能讓人覺得安心。

高效的布道設計只使用一種序列，開場白先抓住注意力，接著簡單概述實際上的相關性與整體重要性，接著深入鑽研文本釋義，最後以具體的應用收場。就連典型的求婚也使用類似的序列，一開始先下跪拿出戒指以抓住注意力，然後表明愛意與打算，最後以行動號召收尾（「嫁給我好嗎？」）。（千萬不要像我一樣搞砸了。）

金字塔分層策略

你可能無法用一份簡報表達無盡的愛，但使用聰明的方法排序大可贏得群眾關注（可能還會讓某些人喜歡你）。這種線性的序列安排，最適合搭配垂直的分層策略，意思是以「簡單到困難」的方式，設計你的訊息。我們可以把它畫成一個三角形，從上到下分別為：

一、**核心**：直接總結最重要的一個點，就好比是用來讓人上鉤的鉤子；

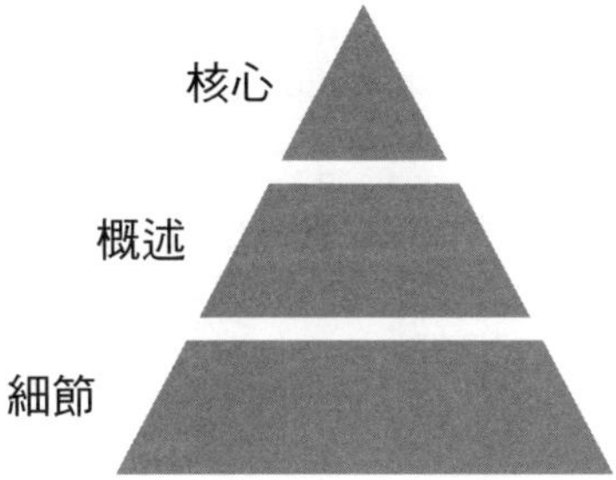

是簡單、精鍊的核心。

二、**概述**：以簡單的概要、摘要或大範圍的脈絡背景順著講下去，讓受眾知道資訊來自何處、又要走向哪裡。

三、**細節**：用前兩個步驟把東西灌入大腦，之後再提供剩下的資訊。

這種堆疊（分層）讓受眾有機會逐步參與並理解，不必在關鍵早期自行整理一堆混亂的訊息後找出重點。如果覺得這套方法聽起來很熟悉，那是因為顧問人員幾十年來用的都是這樣的訊息架構。發明這套方法的，是人事管理學思想家芭芭拉·明托（Barbara Minto），更多詳細內容可參見她極富影響力的著作《金字塔原理》（*The Pyramid Principle*）[22]。

《少說廢話：三十六秒就讓人買單的精準文案》的作者喬許．柏諾夫曾是研究分析師，在這份工作中，他學到了以合乎邏輯的層級來整理資訊的重要性。作者和簡報人應該用最重要的概念開場，之後提出輔助證據與脈絡，接下來再詳細說明。我們去餐廳不是為了拿到一個未經料理、食材都還沒熟的派，而是希望享用精心準備的餐點，菜色要依據正確的順序上來。同樣的道理，大量的資訊更需要精心安排，若無法提出架構，代表了不看重溝通。

在醫療保健領域，複製臨床實驗時也使用分層方法。先描述研究的目的與結果，接下來會有研究關鍵要素的一覽／概覽，剩下的就是所有細節。

想一想多數書籍的架構。我們在書的標題與子標題裡可以找到最精要的核心，目錄的作用是內容概覽，接著是包括細節的每一章（甚至可能用注釋與連結傳達更深入的細節）。

當然一本書的內容量極大，所以需要分層策略，然而，不論溝通規模的大小，前述的原則都適用。比方說，用分層原則來編纂電子郵件，往往溝通成效會更好。主旨行直接切入重點，第一句話說明關聯，接下來則是簡短的聲明、解釋或分條列述。最後，如有必要，可以在接下來的郵件內容裡講得更詳細、更深入，也可以附上附件或連結。

來看看以下兩封電子郵件開場白的差異：

- 主旨：人力資源部更新政策 B-102
- 主旨：花一分鐘時間在星期五前填妥本表（回覆：你的薪資）

其中一封郵件的主旨馬上就吸引我，另一封則語焉不詳，我無法得知重點，因此順手就按下「刪除」鍵。**你絕對不會想要迫使群眾，自己努力去找你要傳達的重點；你會希望直接交給他們，讓他們決定是要進來參與或離開**。耐心是美德，但如果你想要測試受眾的耐心，那就不美了。

「人在溝通時應該先提供足夠有用的資訊，之後再一次一點慢慢給，這樣就好，但他們卻想要一開始就把所有東西一股腦地說給你聽，而且講到鉅細靡遺。」

——《創意黏力學》（*Made To Stick*）作者　奇普・希思（Chip Heath）

從短到長、從簡單到複雜，是對大腦友善的逐步發展過程。反之，如果直接丟出沒做好分層的資訊結果讓別人受不了，這就相當於請讀者、聽者不要理你。所以，要盡快凸顯價值，讓主要的重點顯而易見，直指核心。一開始溝通就要分秒必爭，你要用螢光筆畫出重點。

回到我們之前談過的業務經理指導現場業務代表的範例。這位經理可以馬上就切入有價值的重點，開宗明義地說：「過去五年來，我們最成功的現場業務代表總是善用銷售洽談規劃架構，這些人都拿到了總裁俱樂部大獎。」重點在這裡：所謂成功，定義如上所述。

轉職專家凱瑟琳・奧特曼・摩根（Catherine Altman Morgan）在她的著作《這沒用！：逐步改變工作方式以降低壓力、焦慮和憂鬱》（暫譯，*This Isn't*

Working!: Evolving the Way We Work to Decrease Stress, Anxiety, and Depression）[23]中特別點出，很多人在後新冠肺炎時代裡精疲力竭，不知所措，沒有多餘的心力去嘗試解讀別人講的話。她鼓勵我們，把讀者或聽者描繪成靠坐在椅子上、滿臉狐疑地想著「我幹嘛要在乎這種事」的人；這些人很容易不打一聲招呼就分神，開始滑手機或看影片。

現在，把臺下觀眾分神的畫面放在心中，然後想一想：在電子郵件、履歷、網站、談話或 LinkedIn 個人檔案裡，要用哪一句引人入勝的開場白，才能吸住這些人？要如何在幾秒鐘內切入重點？

我看過很多網站使用模糊、毫無吸引力的標題，比方說「善用最佳端對端（end-to-end）解決方案來創造業務成績」。網站上或許有提供說明具體內容的實例，但我不會點進去深入挖掘，我會點退出鍵離開。

如果你已經花費時間精力確實找到了重點，請不要害羞，就用直截了當且務實的方法凸顯出來，並用聰明的方法安排構想和遣詞用字。高效溝通可不是一場搶答二十個問題才分勝負的賽局。

總結：有效的溝通順序，能確保對方正確理解。

清晰聚光燈

簡單明瞭，就是王道

「在人類史上，我們從未比現在用更快的速度，在更多地方丟出更多的文字。」這是《聰明簡潔的溝通》（*Smart Brevity*）[24]這本絕妙好書的導論〈文字的迷霧〉（Fog of Words）開場白。美國新創媒體公司 Axios，體認到設計不當的通訊浪費了太多的時間與精力，因此決定發展出一套方法讓閱讀新聞的人可以更高效地吸收資訊。

這家公司在員工餐廳的牆上貼著一句標語——「簡潔是自信，冗長是恐懼」（Brevity is confidence. Length is fear）。它以名言佳句式的寥寥幾字，傳達簡短的摘要新聞報導，公司深受歡迎的刊物也以分層處理資訊的方式，直接切入相關點。

吉姆・范德海（Jim VandeHei）、麥克・艾倫（Mike Allen）和羅伊・史瓦茲（Roy Schwartz）是 Axios 和 Politico 媒體公司的創辦人（譯注：這三位是前述《聰明簡潔的溝通》的作者），具備幾十年的媒體從業經驗，他們總結出的結論是，精鍊的溝通是在資訊飽和世界中勝出的不二法門。他們這套快速掃描每日新聞摘要的風格非常成功；他們讓讀者聚焦在最重要的一件事上，如果讀者還想的話，可以再深入挖掘。

創辦 Axios 公司之後，創辦人不到六年就把公司以五・二五億美元賣給考克斯企業（Cox Enterprises），這可是清晰帶來的報酬啊！

步驟 3

聚焦在重點上

「寫出好作品的祕訣，就是用很少的文字來描寫重要的概念，而不是用大量的文字堆疊微不足道的概念。」
——德裔美國作家　奧利佛・馬庫斯・馬洛伊（Oliver Markus Malloy）

利用直指重點爭取到關注是一大成就，但事情還沒完。接下來，你必須把訊息嵌入受眾的記憶中，並確認對方已經清楚理解了。

多數人只滿足於把「訊息送出去」，並沒有體會到溝通實際要達成的目標是「訊息收到了」。身為溝通設計師，我想要跨越空虛之地，確實吸引到你的大腦注意力，也因此，我需要簡化（你也一樣）。

這件事情為什麼極具挑戰？人類生活在一個複雜的世界中，面對鋪天蓋地襲來的龐大資訊量，我們消化、重新包裝與應用它們的能力有限——大腦的能力，就只有這麼多而已。

在《順著大腦來生活》（*Your Brain at Work*）[25]一書中，作者大衛．洛克（David Rock）說：「把複雜概念簡化到只剩核心要素的能力，是多數成功高階主管已經養成的習慣……舉例來說，在好萊塢，最理想的新電影推銷詞應該很短，用一句話就能讓製片廠『懂了』。（有個故事說，《異形》〔Alien〕這部電影的推銷詞是「太空版的《大白鯊》」）……**當你把複雜的想法化約成幾個概念，就更容易操控自己心裡的概念，從而操控他人心裡的想法。**」

但問題不僅有訊息量的大小而已，還要檢視雙方賦予的意義是否相同。誠如前述的心理元數據問題，現實中，每一個人對於文字和概念的理解都不同，這表示，你需要定義、解釋和闡述，以確定大家真的都懂了。「知識的詛咒」（curse of knowledge）是一種和心理元數據有關的現象——人性傾向於假設別人腦子裡的背景資訊和自己的一樣。對你來說明顯之至的事情，其實對你的受眾來說陌生且困惑，如果你不明白這一點，就無法有效傳達重點。

不要使用專業術語

你可能會匆匆帶過素材資料、使用陌生的詞彙、開口閉口都是術語，或跳過有助於連點成線的重要資訊。在科技、醫療保健和工程等高度專業的環境下，這種情況特別常見。

過度使用術語，尤其是在商業溝通上，這個問題特別嚴重。二〇一七年喬許・柏諾夫的文章〈拙劣的寫作讓企業付出幾十億美元的代價〉（Bad Writing Costs Businesses Billions）[26]，提到一項相當有說服力的數據：在一項調查中，有八一％的受訪者同意以下這句話：「寫得很拙劣的素材資料，浪費了我很多時間」，可見充滿迷霧的術語，是一種常見的浪費時間。

每次我看到「我正在善用我的內容發展技能，促進落實以平面為中心的知識轉換載具」這種話，總是忍不住大笑（或感到尷尬）；為什麼不乾脆就說「我正在寫一本書」呢？

當我擔任企業主或顧問的教練指導他們傳遞訊息時，我會請他們試著描述他們想要做什麼（以及能帶來哪些價值），而且只能用一句話來說，就當成要去跟隔壁鄰居說話那樣——隔壁十二歲鄰居的注意力，只有一瞬間。

現在，為何不馬上試試看？你可能會很訝異地發現，原來自己使用的日常語言超級複雜。

讓我們回頭去看指導現場業務代表的範例。業務經理可能會對現場業務代表說：「銷售洽談規劃並不是電熱椅（編按：一種可讓座位變暖的車用配備），不是有了會加分的選配，這是你的方向盤。」這個種闡述重點的方法相當有畫面，讓人念念不忘。

人類忽略訊息的能力無上限，因此，來到這個步驟時你要守住一個很基本的觀點：**你必須簡化用詞並精準地解釋意思，不然就很容易造成對方誤解**。為此，你可能需要發展出兩種不同版本的訊息：技術上精準的版本和通俗化的簡短懶人包版本。這聽起來有點貶低，但實際上是你可以做到的最體貼之舉（只要你在過程中不要把別人當成笨蛋就可以了）。

要面對這類挑戰的，不光是企業。臨床心理學家唐納德·戴維森（Donald L. Davidson）[27]博士說，要理解患者的獨特故事並做出精準診斷與治療，患者與諮商人員之間溝通的重要第一步，是要在意義上達成共識。例如，有兩位患者都主述自己有焦慮的問題，但其中一位可能症狀很輕微，只有情境出現壓力時才會發作，但另一位很可能飽受頻繁且折磨人的恐慌發作之苦；一位患者可能說自己經常會想要自盡，但另一位卻可能很是每天都很慎重地思考要不要自我了斷。

醫療保健專業人士唯有問對問題，釐清內容，才可以精準理解病患的健康有什麼狀況。逕自針對某些語言文字的用法和意義作假設卻不釐清問題，風險很大。醫師（或者說，實際上任何人都一樣）可以問的最重要問題之一是：「你這麼說，是什麼意思？」

之前，我在本書中提到一套很繁複的神經生理學工程，那時我必須詳加解釋這套錯綜複雜的啟動系統。現在，我可以簡單介紹這套系統，幫助你記憶：這是資訊守門員，是主要的過濾機制，是看守前門的警衛。**這些比喻是捷徑，有助於用生動且簡單的方式傳播重點**。最好的溝通者能隨心所欲使用象徵性語言（比喻、類比、比較和文字語言畫面），去傳播他們的重點。

所謂「好的溝通」是一種口語／文字彩繪，你會想要在他人心中繪製出五彩繽紛且記憶深刻的事實，你會想要吸引對方的想像力與碰觸他們的情緒。「你懂我的意思嗎？」是你在設計溝通時最重要的問題。

在第三篇，我們會列出八大強而有力的常用捷徑（工具），幫助你用對大腦友善的方式來簡化與說明你的重點。

總結：用最簡單的方式表達，有效降低被誤解的機率。

溝通時，要試著穿別人的鞋

美國律師兼演說家鮑伯・戈夫（Bob Goff）是一位懂得用鮮活比喻的說故事大師。他會使用吸睛有趣的文章標題，比如〈用你的人生來個抱膝跳水大冒險吧！弄濕又沒關係〉以及〈每次我們覺得別人很平庸，就是把美酒又變回開水〉。

在他的著作《為自己的人生做點事》（*Live in Grace, Walk in Love*）中，他說：「我發現，某些信仰團體常講的基督教用語看似有奧義，實則讓人分心，因此我不這樣說。我說話都會嘗試盡量簡單明瞭，若我可以理解我自己在說什麼，身邊的人也可以懂。[28]」

確實，如果把「基督教」和「信仰」兩個字換成任何其他群體，比方工程師、程式設計師或臨床學家，這條原則也可適用。很多時候，當你和其他人要深談技術面細節時，很容易就沉浸在少數人才懂的術語世界。

我發現，我最近在自己舉辦的清晰工作坊裡違反了這條規則。諷刺的是，犯錯當時的我，正在講述一個幾年前的案例。內容是我在某場會議上被弄得很迷糊，因為其他人一直丟出我根本不知其意的字母縮寫詞，而我在那方面相對來說是新人，所以根本一頭霧水。不知道各位有過這種經驗嗎？

然後，活動中有人舉手，問了我那個字母縮寫詞是什麼意思。天啊，我居然假設在場的所有人都懂！唉唷！

步驟 4

與受眾達成共識

「如果沒寫下來，就沒發生；如果寫了下來，發生什麼就不重要了。」

——程式設計師 塞坎・雷勒克（Sercan Leylek）

以下是一條必須遵循的人生規則：如果你不用書面記錄協議，那就是自找麻煩。你可能經常聽人說：「口頭協議的價值，比用來寫協議的紙張還不如。」切記，事情要確立，而且要用書面確定。簡言之，就是要鞏固。

在銷售（與教學）領域裡，經常有人說：

- 告訴對方，你要跟他們說什麼。
- 告訴對方。

- 告訴對方，你已經跟他們說了。

欲達成共識的三大關鍵

人們傾向於聽片段，且經常不化零為整。所以，請幫你的受眾一個忙，採用以下的方法說話：

一、**重複**：主要重點不只說一次，而且要以多種方式去說重點。

二、**總結**：明確解釋如何應用；不要假設別人知道正確的意義或推論。

三、**摘要**：用容易記住的格式，把資訊和結論整合在一起。

在業務銷售界，從業人員會學習ＡＢＣ，這是「Always Be Closing」的縮寫，意為「務必成交」。換成溝通，不論哪一種形式，最佳的實務做法則是ＡＢＳ——「Always Be Solidifying」，意為「務必鞏固」。

身為演講者，我會花很多時間準備素材資料，並在準備過程自然而然把流程、推展和意義裝進我的腦子裡，但聽眾不行。這表示，我要負責提出簡單明瞭的結論、建議、應用和快速命中要點的摘要。

很多我在培訓領域的同事，除了提供內容之外，還會拿出各種再強化與摘要工具，以確保聽眾記得培訓內容並且能加以應用。這讓我想起電影《公主新娘》裡一句很有趣的臺詞，幾位主角正要對城堡發動猛攻去搶親時，伊尼哥說：「我來解釋一下要做什麼。不，這講起來就太多了。我總結就好。」這是千百萬商業人士都適用的絕佳建議！

多年來，我和企業聯手推動內部的協作計畫，其中最常見（也最痛苦）的經驗，就是不管什麼事情，都要費盡千辛萬苦方能讓每個人都達成協議。

在此，我指的是**真正的**協議，諸如在目標、範疇、時間表、過程、預算、期望等方面達成一致，這些都是非常麻煩的細節。舉例來說，專案啟動會議可能發生以下狀況：核心團隊某些或所有團隊成員共聚一堂，討論專案。該說的事都說了，該討論的也討論了，該點頭的也點頭了，接著，一長串電子郵件開始傳來傳去。每一個當事人都假設已經達成協議，專案持續朝相同方向邁進。

一個月後，早期交付成果完成，但咆哮怒罵也開始了。到頭來才發現，不是所有團隊成員都「真的」清楚全貌。副總心中想的是一個樣子；供應商對最終目標有不同想法；專案經理搞不清楚細節；此外，法務審查人員開始質疑這個案子是否符合標準；團隊成員沒有確立範疇、流程和意圖。

為什麼？因為沒有人營造「共識」。協議飄浮在空氣之中，並沒有用白紙黑字（或數位檔案）鞏固下來。

《聖經》是一本有很多細節的大部頭的書。摩西（Moses）很幸運，十誡濃縮了以色列人應擔負的重要道德責任，且刻在石板上，這個基本原則可以說已經成為其他所有細節遵循的標準。幾百年後，拿撒勒人耶穌（Jesus of Nazareth）針對**那份**摘要提出更簡單的濃縮版，把整套摩西律法（Mosaic Law）精鍊成兩條核心原則：愛上帝與愛你的鄰人。

雖然詳細記錄很重要，但大致來說，人們僅會記住簡短、可記住的摘要，並加以運用。

「每次我準備要溝通時，我想的是要點出一項簡單事實放進聽眾心裡。我希望他們知道這件事，而且知道如何拿來應用。」

——美國靈性領袖　安迪·史坦利（Andy Stanley）

最出色的領導者是摘要大師，他們知道團隊不可能掌握所有細節，也看不到大格局，因此用簡短的口語和書面概要描繪出來，才能做足更充分的準備並向前邁進，進而帶動期望的變革和行動。你永遠都要假設群眾無法把所有片段連起來，也無法看懂當中很多的隱含意義。藉由提供簡單快速的概要，你能大幅提高訊息被群眾吸收與記住的機會。

要確保眾人達成共識，最有效的方法就是書面摘要。你可以用濃縮的品牌宣言來表現，也可以納入詳細的專案計畫中；不論哪一種，請記錄下來並分享出去。想達成協調一致與合意，要以明確闡述的鞏固為基礎：目標、使命宣言、執行摘要、範疇描述與按部就班計畫。

企業律師（且讓我們面對事實吧！這些人總是說著又長又複雜的內容）

永遠不會過時。為什麼？因為我們需要審慎思考過的書面摘要、協議和契約。律師負責編製闡述合意的加固文件，有了這些，才有清晰與責任歸屬。

在第三章提到的案例裡，業務經理在完成現場指導訪視之後，應該發送一封簡短、有重點的電子郵件給業務代表，詳細說明他期待在未來的銷售拜訪時看到落實哪些步驟。這份書面摘要是持續發展與當責的基礎。

讓各方達成共識，在企業中是重要的事。然而，有時候即便有書面摘要，但卻模糊不清又不具體，依舊無法鞏固任何東西。以下列出幾處我認為最常出現落差的地方：

- 使命宣言（願景、使命、價值觀）太過制式且無法成為行動根據。
- 工作／職務說明內容過於模糊，無法將團隊成員與主管的日常期待，調整到一致。
- 專案計畫太過籠統，無法為所有利害關係人提供明確路線圖。
- 團隊角色與職責定義不明確。
- 業務代表、經理與業務單位領導者各自定義的銷售訊息不明確。

不過就是少了一份簡單摘要，每年卻要因此付出難以估計的金錢損失。《人性的弱點》（*How to Win Friends and Influence People*）的作者戴爾・卡內基（Dale Carnegie）這麼說：「九〇%的管理問題，起因都是溝通不良。」這的確很嚇人，但可以修正。

總結：成功溝通的最後一步，是用總結的方式來確認重點。

公司的使命宣言，往往可做為達成共識的基礎

在我看來，影響最嚴重、但公司經常忽略沒做的摘要之一，是部門與團隊的使命宣言。全公司性的高階使命宣言是很棒的東西，但前提是要編排得宜且可以當成行動基準。事實上，公司的各個部門也應該會有自己的認同、目的與目標，因此需要書面摘要，而領導者需要做的，是闡述與強化這些東西。能不能鞏固團隊的凝聚力和文化，取決於有沒有簡單、易於記憶的宣

言，告訴大家方向是什麼，以及該怎麼做。

定義重點、直指重點、聚焦重點、達成共識，只要練習這四個簡單的規則，將會為你的溝通帶來新氣象。那麼，這四個步驟該如何落實在實際狀況中呢？現在，假設你正要去一個非營利組織開董事會，你要收服十個背景各異的人，而且你們要在三個小時內做出重大的募款決策。

一、**定義重點**：將這場會議最後需要做的決定列在最前面，這是你們一起花時間聚在這裡、要得出的交付成果。目標必須明確具體，這是「從A轉變到B」方法中的B點。堅持這場會議**不是用來**做自由發想創意的腦力激盪，也不要流於過度瑣碎，這場討論**是為了**達成一致意見，並針對行動計畫取得共識。

二、**直指重點**：會議一開始，就發送空白的摘要範例，並解釋這次會議的目標，是在前兩小時填妥這份文件，第三個小時則用來進行最後的決定。

三、**聚焦重點**：確認這十個人對於你們要討論的概念和用詞，都有相同的理解；有人使用特定的詞彙時，請他們定義他們說的是什麼意思（尤其是比較偏向技術面的財務概念）。

四、達成共識：摘要會議結果，包括：填妥摘要範例表單、用電子郵件確認（書面方式）往下一個規劃階段進行時，每個人都調整到一致的方向。

按部就班，這四個步驟有助於讓你的溝通設計不僅精準聚焦，還能收效。你要追求的是「成果」，而不是花時間高談闊論。

傑出的領導者會定調、傾聽和整合，但無論如何，他們主要的工作是領導大家做出決策，所以，他們必須懂得做出摘要和鞏固大家的共識。即使不是每一件事都百分之百達成共識，依然需要有一份清晰、眾人認同的路線圖，想辦法讓大家往同一個方向邁進。

清晰聚光燈

專案管理是一門適用於各行業的技能組合

失敗的專案很多，且往往不是因為有任何人存心不良才失敗；很多時候，失敗的原因只是因為少了專案管理與協作技巧。

二〇〇六年，我成立了生命科學顧問事業影響力活動公司（Impactiviti），因為我看到一項尚未獲得滿足的重大需求：培訓部門與外部供應商／夥伴之間可以建立更良好的關係。在此之前的十年，我任職於供應商這一邊，我看到客戶／供應商之間各種「不對盤」，再加上溝通操作失當，使得很多關係都走偏了。

很多供應商都沒有明確的方向，也沒有差異化的品牌。因此，影響力活動公司要做的，就是品牌策略與訊息處理。

至於客戶端，很多工作人員都是直接從現場銷售的職務調來培訓單位，從來沒受過任何專案管理訓練，這代表需要舉辦能夠實際操作的提升技能工作坊，並把焦點放在溝通協作上[29]。貫穿整個工作坊的主要概念如下：要積極主動，不可逕自做任何假設；要讓每一個人都得到資訊，要有共識。

雖然我們原本的培訓重點是實用的專案管理工作坊，但我們很快就發現，這些核心原則（也就是本章提到的四步驟）適用於各式各樣的企業協作；其中，特別是「聚焦在重點上」和「達成共識」，是我們每個人都需要的一套技能。

第三篇

快速激發大腦注意力的八種技巧

二次大戰時同盟國最大的噩夢之一，是德國的恩尼格瑪密碼機（Enigma）。

恩尼格瑪密碼機是一套用於編寫與解讀軍事訊息的精巧系統，據估計，恩尼格瑪密碼機可以做出約158,962,555,217,826,360,000種符號組合（可能多一點或少一點）。德國人每天晚上都會更動解碼的鑰匙，所以，基本上根本不可能破解密碼。

不過最終，一群聰明的英國知識分子破解了恩尼格瑪機器的密碼（並推進如今我們非常仰賴的數位計算科學），這是一個很引人入勝的故事。二〇一四年，由班奈狄克．康柏拜區（Benedict Cumberbatch）飾演艾倫．圖靈（Alan Turing）的傑出電影《模仿遊戲》（Imitation Game），說的就是這件事。

所謂的密碼，其關鍵完全在於誤導和製造迷霧。任何曾經試圖破解恩尼格瑪密碼機的人，都急切地想找到捷徑，最後多虧了圖靈天才，才找到解碼鑰匙。

恩尼格瑪密碼機的目的是什麼？一言以蔽之，就是要打迷糊仗：讓訊息模糊不清、讓大腦過度負載，盡可能弄得很困難，讓任何竊聽到廣播訊號的人都無法了解其中的意義。

你不會希望自己的溝通變成謎，你不會希望你的文字語言像是失去方向的言詞暴風雪，造成阻礙，導致別人迷了路；你不會想把解讀意義的鑰匙藏起來，反之，你希望大大方方地把鑰匙交出去。

任何人都可以寫出冗長且不斷句的句子，但成功必備的技能並非擴充，而是濃縮和簡化。美國前總統威爾遜（Woodrow Wilson）曾說：「十分鐘的演講，我會花兩個星期準備；半小時的演講，我會花一星期準備；但如果要講多久隨我高興的演講，則完全不用準備，現在就可以上場了。」

人類的大腦非常喜歡某些格式的文字包裝，比如能抓緊注意力的名言佳句，以及可以描繪出畫面的簡化說法。在本篇我會提供八種快速激發大腦注意力的技巧，包括：願景聲明、精選片段、具體細節、故事、利害關係、象徵、比較對照、摘要——不僅能藉此快速傳播重點，還可以讓人記住不忘。

技巧1

願景聲明

「欲傳播想法，請用精簡的文字語言、重大的概念與簡短的句子。」
——英國軍官、作家　約翰・亨利・帕特森（John Henry Patterson）

古書聖經卷首的《創世紀》（*Genesis*）開頭是一段重大的願景聲明：「起初，神創造天地。」

《聖經》是一本大部頭的書，裡頭有大量的重要概念與令人驚奇費解的說法，但也充滿了極為明確且直截了當的願景聲明，包括前述那一段關於生命、創造與歷史的重大導引式宣告。

你可以懷疑這段話的真實性，但無疑地，這是極為明確的表態，千年來都是支持信仰的背景資訊，也激發出無數的辯證。

願景聲明是表達事實、意見或概念的主張或宣告，通常是一句話或一個詞；不管這個宣告正確與否，它的目的就是要精準地傳達資訊或表達想法和信念。理想的情況下，你應該要能夠濃縮概念，變成一句大腦即刻就能處理的簡單扼要名言佳句。

政治人物通常是打迷糊仗的專家，但也有些人強調單一重點，他們講出了最讓人印象深刻的願景聲明，例如：

- 「我們認為這些真理不證自明，所有人生而平等。」——美國前總統湯瑪斯・傑佛遜（Thomas Jefferson）
- 「我來，我見，我征服。」——古羅馬皇帝　凱撒大帝（Julius Caesar）

聲明不會模糊、不會語焉不詳、不會多費唇舌，只會好好說一件事。聲明的用意，是要讓人馬上就可以處理且輕鬆記住。

「○○是現今我們民主社會中的最大威脅！」你已經聽過、讀過這類金句幾百次，尤其是在選舉之前，可說聽到耳朵都爛了，對吧？要在這些雜亂擁擠的選舉場面中脫穎而出，政治人物和新聞記者，都必須善於把重大概念濃縮成簡單且生動的文字語言包。

要完整解釋○○為什麼以及如何變成現今民主社會的重大威脅，可能需要用到七段文章甚至一整本書。舉例來說，比較詳細的說法可能如：「我國活力的健全度正遭逢幾十種不太妙的力量衝擊（舉例講到包括這個、那個以及其他），我經過深思熟慮，再綜合我多數資深幕僚的建議，我認為我們的第一優先要務是緩解○○造成的效應；對很多人來說，○○正在造成重大問題……。」

但是，文字篇幅這麼長，不僅會讓受眾的大腦無法保持清醒，也無法植下記憶點。這段話無法激發注意力，只會讓模糊不清的資訊團塊愈來愈大。大量模糊不清的廢話對RAS來說並非友善的表達方式，為此，你需要弄個懶人包，把全部重點包進去。

這個道理不只適用於政治，每一個領域都能暢通無阻。在企業界很容易就落入頻繁使用技術術語的窠臼，這些術語聽起來很重要，但卻只是一堆模糊不清的廢話，反而造成問題。

美國藍湯匙顧問公司（Blue Spoon Consulting）[31] 的網站上，出現了以下這一團雜亂且讓人過目就忘的術語：「所謂新世界失序，是策略性衝擊、多面向失調與快速變遷彼此互動、完全糾結在一起，標準的思考與按兵不動模式無法……不再……不能再成為帶我們順利走過不同時刻的指南針。在這個時代，線性解決方案已經完蛋了。」

呃，不好意思……我覺得頭很暈。如果文字讓人頭痛，那麼，堆在一起的文字就會變成更嚴重的偏頭痛。反之，「讓你擁有今日局面的力量，無法讓你明天有所成就」這句話雖然簡簡單單，卻是精要說出需要新思維的簡單宣告。

善用願景聲明的策略，是從事品牌經營或更高層次企業方針的好起點，但其實在日常工作流程中，也可以把訊息濃縮成簡單聲明。例如：本次銷售拜訪的具體目標是什麼？我要如何摘要這張投影片的重點？用哪一句話最能表明本次會議的目的？這封電子郵件的實際重點與預設結果是什麼？換言之，把聲明想成是簡單的宣示性短語就可以了。

以下有一個很好用的小技巧，可以幫助你寫出聲明：一開頭時可以說「嗯，我宣布……」（在美國的話，最好不發出聲音但用嘴型做出南方口音），然後用一個主張完成這個句子；記住，不要子句、不要講究細節、不要解釋，如此，就能輕鬆講出一句讓受眾絕對理解且能回應的直接聲明。

（專業建議：在你把訊息傳達出去之前，務必去掉「嗯，我宣布……」這部分。）

一旦你可以把溝通內容濃縮成簡短聲明說給自己聽，就可以說給你的受眾聽了。

（嗯，我宣布）**無論哪一種溝通類型，都應該以簡潔、有力的聲明加持**。回頭看看你剛剛讀完、用不同字體寫成的句子吧。對，就是這樣。

你的高階使命是什麼？你在特定情境下的訊息是什麼？當你把各種企圖

打包成一條簡單的聲明時，就是讓你的受眾（他們的大腦很賣力工作）直達核心，而且是馬上。

美國溝通專家黛安娜．布赫（Dianna Booher）說：「寫長句子就像用水去稀釋茶，字愈多，訊息的力道愈弱。」簡短明確的聲明極有成效，但有時候我們只需要更簡單而直接的訊息，即可滿足需求。所以，接著讓我們來看看如何把文字語言變得更少、更簡短。

總結：用簡短有力的一句話，把目標濃縮成易懂的概念。

技巧2

精選片段

「如果不能用幾個字解釋一件事，試試看再減少幾個字。」

——美國歌劇男高音 羅伯特．布雷爾（Robert Breault）

一則冷知識：澳洲比月球還寬。

這是真的，想不到吧？月球的直徑長三千四百公里，而澳洲從東到西的寬度則約為四千公里。這是很令人驚訝的事實，且用了非常有記憶點的方式來傳達。從此之後，我看世界地圖時的眼光就完全不同了。

你大可用迂迴且無聊的方法來解釋有趣的訊息，但簡潔有力的精采精選片段對大腦才友善。你的受眾只會留下一小片記憶空間給你，那麼，你要在這裡植入什麼呢？

精選片段是從廣泛內容裡汲取出來的簡短摘要，可能是趣聞、範例、關鍵字、統計數字、名言，甚至是歌詞中的一部分。這是分量極小的資訊，一定會吸引到大腦的注意。事實上，**精選片段可說是金句中的金句、能激發大腦注意力，裝載著巨大無比的影響力**。

- 「我有一個夢。」（I have a dream.）——馬丁・路德・金恩博士（Martin Luther King Jr.），這是從他長篇演說摘錄的重要精選片段。
- 世界上最富有的人是＿＿＿＿＿＿，這條趣聞的答案會不斷改變，因此我留白待填空。
- 「你只需要愛」（All you need is love），這是披頭四合唱團（Beatles）的歌名（也是副歌）。
- 機會號火星漫遊車（Mars Rover Opportunity）原本設計是執行任務九十天，但實際上卻運作超過十五年。

高效的簡報者在設計投影片時，隨時都在運用精選片段。精選片段可以是詞彙、數字、迷因或用來說明的畫面，這些東西的共通性，是可以把重點快速地送進受眾的大腦裡。

舉例而言，簡潔有力的品牌標語，就是很傑出的精選片段範例：

- 「Just do it」——Nike
- 「不同凡想」（Think different）——蘋果（Apple）
- 「吃新鮮」（Eat fresh）——Subway 潛艇堡
- 「使命必達」（The world on time）——FedEx 聯邦快遞
- 「終極駕駛機器」（ultimate driving machine）——BMW
- 「值得傳遞的概念」（Ideas worth spreading）——TED演講
- 「地球上最快樂的地方」（The Happiest Place on Earth）——迪士尼（Disneyland）

「你的主要競爭對手是雜訊」是我經常說的一句話，這句話裡就有精選片段。此話令人感到意外但又切身相關，因此會讓人牢記。你為何需要把清晰原則應用到高效溝通設計上？用一個精選片段即可說盡：#雜訊。

美國教育家安潔拉・梅爾斯（Angela Maiers）用一個以四個字構成的簡短有力精選片段來激勵她的群眾（包括老師、學生和其他人）——「你很重要。」這句話很簡短，但足以帶來行動的力量。

「醫生，現在已經證明在六個月期間內，這種新藥比傳統療法成效高出三四％。」當然，要支持前述主張要用到多圖表、詳細研究，但藥廠代表需要把最重要的精選片段（成效高三四％）抽出來，植入訊息中。

無論你對唐納・川普（Donald Trump）有何看法，不可諱言他是一位行銷大師。MAGA（Make America Great Again，意為「讓美國再度偉大」）是非常有效的精選片段，鑽入千百萬人的內心，不論你喜不喜歡都逃不了。另外有一個字頭縮寫詞也有類似的效果（我第一次聽到這個說法時就非常認同），也就是所謂的「KISS」（Keep It Simple, Stupid）原則——保持簡單和愚笨。

講到笨，美國民主黨人士詹姆士・卡維爾（James Carville）於一九九二年說過一句選舉語言精選片段，可謂一句驚人——「重點是經濟啊，在笨什麼」（It's the economy, stupid）。全國性競選活動中會講到的詞不下千百萬，但一個讓人記憶深刻的精選片段就可以超越所有雜訊，牢牢鑲進群眾的心裡。

除此之外，「視覺型」的精選片段有獨特的力量。把訊息包裝成一個充滿吸引力的畫面，馬上就可以把重點傳出去，這是因為，就像俗話說的：「一個畫面勝過千言萬語。」

幾年前我看到一張圖，顯示星巴克（Starbucks）的星冰樂含糖量高到嚇人，從此不再點這種飲料。圖像馬上就能說服人，並激起行動動機。推特或抖音（TikTok）等社群平臺之所以蓬勃發展，是因為在這個刺激沒完沒了、注意力集中時間極短的時代，精選片段占據主宰地位。

就算沒有寫出標語的創意文筆天賦，你也可以成為大師，只要善用其他人發表的精選片段就好。如何找到精選片段？你的最佳夥伴就是搜尋引擎。

你可以設定任何主題，搜尋合用的事實、名言、統計數據和片語，更有無窮無盡的影像和迷因可供你攪動想法。你要做的是要確定你查核了事實，還有，如果使用了別人的精選片段的話，要註明引用出處。

假設覺得有一段文章很值得分享，請先檢視這些文字，並自問：「這裡的重點是什麼？」接著，試著寫出一句話。現在，再進一步，你能不能把精選片段變成一句強而有力的短語？

為何精選片段有效？因為這就像一顆 M&M's 巧克力糖球一樣，個頭很小，很容易被人接受。精選片段直指重點，攻占了一小片記憶空間。有效地利用精選片段，代表我們體認到群眾裡的每一個人接收新資訊的頻寬都很有限。因此，你要使用「有黏性」的小小精選片段，好好打包你的訊息。

精選片段（也可以是簡短聲明或具體細節）是很容易就「黏」在人們心中的強有力資訊片段。

總結：精鍊出令人驚訝或感興趣的一句話，快速留下印象。

清晰聚光燈

珊卓．伍德拉夫（Sandy Woodruff）

基於某些奇特的理由，我一直很愛一個詞「discombobulation」，意為「迷惘混亂」。這個詞光是講出來就很有意思。詞意是什麼？就是一團亂。

嗯，有一天我在想，「discombobulation」是不是在某一個詞之前加了字首而成，如果是的話，那一定會存在「combobulation」這個詞。這番推論很有道理，對吧？嗯，確實有，且詞意正如同你所想：從混亂當中建立秩序。（事實上，密爾瓦基〔Milwaukee〕的威斯康辛機場〔Wisconsin〕在過了安檢之後有一個地方叫「Recombobulation Area」，意思是「重新整理區」，這是我在這個世界上最愛的機場告示牌！）

這讓我靈光乍現。通常我不建議任何人給自己的配偶「打上標記」，但我對我的妻子說，這個關鍵字精準濃縮了她的人格特質。不論是私底下或專業上，她總是能從混亂當中建立秩序，她是極為有條有理的人，是傑出的組織大師，她就是一個「Combobulator」，意即「理序者」。這是用一個精選片段清楚摘要出讓人記憶深刻的個人特質好例子。

我們並沒打算把這個組織能力當成一個商業項目，但要藉此感謝她給了我們井然有序的環境。我要說的事實是，清晰原則涵蓋生活中每一個面向，包括理解你個人的長處與DNA。

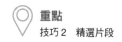

技巧3

具體細節

「我們愈是具體，就愈能放諸四海。生活中處處有細節。如果只是泛泛空談，不會讓人產生共鳴；能引發迴響的，是當中的細節。」

——美國作家　賈桂琳．伍德生（Jacqueline Woodson）

人類的心智傾向於更關注具體細節、輕忽概括性的表述。所謂細節，是明確且定義清楚的特定事物，比方說姓名、數字、地點、日期、詳細內容、範例。細節能喚起記憶、做出區隔並激發出明確的行動。

特定細節具有黏著力，而概括表述則會被遺忘。

以下兩個人中，哪一個比較可能得到目標明確的工作面談或推介？

- 「尋求企業營運管理層面的新職務。」
- 「我懂得如何協助領導者經營正處於早期成長階段的軟體發展公司，透過管理內部與外包技術發展人員來擴大規模，以邁向下一個階段。」

以LinkedIn的個人檔案為例，如果你稱自己是銷售團隊中極有價值的成員，我的反應可能是「好喔」；但如果你說你連續三年超越銷售目標達一一〇%，在全國排名前五名，這很具體，我就有興趣聽了。

「新型雙層玻璃窗戶已證明每年可以替你省下二〇%電費」，我可能不記得窗戶設計的所有技術細節，但我會牢牢記住這個具體的賣點——數字會說話。

如果報導引用了一般性的預期壽命統計數據和運動習慣，說我這個年紀的人該如何如何，即便裡面有我該注意的重要資訊，我很可能打個哈欠，然後讀別的。但是，如果某個小時候的玩伴跟我說，上個星期四，我們高中同班同學某某人因為心臟病發在哈特佛（Hartford）市中心意外猝死，起因是肥胖，那我就會豎起耳朵了，而且很可能從此改變我的生活作息。

細節可以把概括變成現實，所以請削尖你的筆，勾畫出更精準的印象吧！

顧問兼企業主金姆．卡塔妮雅（Kim M. Catania）談到[32]某家合作的公司負責人無法從大格局的願景雲端走下來，進入討論具體細節的交付項目。為此，她必須負責把高層的想法化成概念，然後轉化成具體有形的應用建議，送交審核和執行。這是企業常見的挑戰，當人們不說清楚他們到底要什麼、想要用什麼方式以及何時需要完成，就會有這種事。

而這凸顯了我們和夥伴、客戶互動時的需求：要清楚、直接、有意義，還要具體。

如果想在運用具體細節這件事上表現出色，得訓練自己心裡一定要記住一個關鍵字「到底」（exactly），到底是多少、到底要多少、到底要多常去做？到底想要得出哪些成果？到底要怎麼做？未來到底應該怎麼做？自己對於這份工作到底有何期待？你這麼說到底是什麼意思？

「具體」在商業訊息管理（與策略）中，相當重要。以下，是我和企業及顧問人員的各種不同的對話內容，有助你更了解什麼是具體而非概括的溝通準則。

- 你的目標群眾是誰？大型公司。
- 好的，那麼，如果以員工人數和年營業額來說，到底多大才叫大型公司？我多數客戶的公司員工超過三千人，年營業額超過一億美元。
- 你的客戶主要是在地型、全國型、全球型還是其他？只在北美。
- 到底哪些分部或部門會購買你提供的產品或服務？多半是人力資源部門，但有些製造業的法規遵循單位也很看重我們做的事。
- 通常是哪個管理層級決定要不要購買你的產品或服務？主要是副總或資深總監，但我們的進入點通常是比較低階的經理人。
- 你的客戶在業務上遭遇的最大問題起因是什麼？在公司超過一定規模的門檻之後，他們原本東拼西湊的自動化方法就崩潰了，為此他們需要一套整合系統。

- 這些決策者最重視的賣點是什麼？用我們的代管科技平臺快速建置。

你看出重點了。業務或行銷人員需要這些具體細節，才能設定到底要做什麼；可能的推介夥伴需要知道你在市場裡的甜蜜點到底在哪裡。**無論是哪一種溝通，愈能精準具體傳遞訊息，對方就愈可能對你的重點有共鳴**。

話不講清楚，任何人都做不了什麼事；讓別人自行去猜測、解讀意圖，毫無幫助。卡塔妮雅認為，將這些商業上的情境拿來和家中青少年溝通的情境相比，道理也是相同，兩者都很需要用到具體細節。比方說：「今晚上床前要把你的房間整理好，不然你明天就不能用車。」

經理人與其他領導者想帶動員工成功，必須要提出可記憶且可想像的具體細節，包括：精準的標的、有形的期待、特定且可衡量的目標，以及說講清楚希望看到哪些行為。想要克服「VUCA」的環境，「具體細節」是你最好用的工具之一。

人類的大腦會緊抓住細節。但下一章節，我要介紹另一種我們人類也絕對會喜歡的東西（且是從孩提時代就愛），同樣也是幫助你把概念傳達給其他人的最強而有力工具。

總結：用具體的數字、目標或訴求，有效地影響對方。

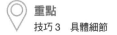

技巧 4

故事

「如果用故事的形式來教歷史，就永遠不會被人遺忘。」

——英國作家　魯德亞德・吉卜林（Rudyard Kipling）

我們都知道，人類的大腦天生就愛聽故事。在印刷術（和網際網路）出現之前，人們用口述的方式傳遞知識。「說故事」是一種透過口語或書面來傳遞敘事或一連串事件的藝術，通常的目的是娛樂、教育或激勵群眾。

一般來說，故事包括了起承轉合，遵循敘事路線的發展，包括，衝突或挑戰、劇情鋪陳或反應、高潮與結局。

故事的「黏著」效果比事實更好；事實枯燥乏味，但故事鮮活、有人味且令人感同身受，把事實包裹在裡面。故事在想像力中描繪畫面，然後放進記憶裡。

懂得「說故事」是高效銷售、領導力、公開演說、長篇寫作、專業人脈經營的關鍵要項，**無論是哪一種形式的溝通，都能靠著善用故事進一步加以強化**。

美國總統發表國情咨文演說（State of the Union address）時，往往會把人物的故事編入演說，並搭配各種常見的事實、謬誤、統計與承諾。活生生的人物的故事，比聲明更容易讓人記住，因為我們可以透過這些人事物（他們往往會從群眾中點出這些人），將心比心。

我經常說一個故事，是關於我去范德堡大學（Vanderbilt University）讀天文學的事。我熱愛一切和太空有關的事，但之後我碰上了微積分和物理學這兩個大麻煩，於是我的抱負很快轉向科幻小說。我痛恨公式，我是物理廢柴，到了這時也只得轉向了（結果我轉到心理系去了）。

我大可直接說「我主修心理」，但我小小的悲慘故事，不是令人更難忘嗎？這是因為故事中有人性，我們都懂轉換跑道是怎麼一回事。

有史以來最暢銷的書《聖經》，就是一連串讓人記憶深刻又驚訝的故事，用來講述一個宏大的元敘事（meta-narrative）。年輕的大衛（David）只用一把投石器和一顆石頭，就打敗了腓力斯（Philistine）巨人歌利亞（Goliath）——這是一則逆轉勝的故事，而無論哪個年齡層，都會對逆轉勝的故事產生共鳴。大家都喜歡逆轉勝的感覺，也因為這樣，我特別喜歡觀賞運動賽事，其中最令我難忘的，就是一九八〇年的普萊希德湖冬奧（Lake Placid Winter Olympics）。當時，由後起的大學生組成的美國冰上曲棍球代表隊，打敗了強大的蘇聯隊，接下來更直取金牌。直到今天，這件事還會讓我感動得起雞皮疙瘩。

你可以運用各種不同形式的故事，幫助你將重點傳播給其他人。

- **緣起故事**：公司（或個人）如何展開這趟旅程。
- **蛻變故事**：一路上發生了哪些事情，才讓你成為現在的你。
- **成功故事**：可以闡明重點的私人趣聞軼事，顯示你／你的公司為何能提供價值或契合某些道理。

- **東山再起故事**：主角失敗了，但日後再度奮起、贏得勝利，並且有所成就。
- **案例研究故事**：關於某些人如何達成某些目標的故事。
- **行動故事**：逐步說明如何完成某件事。
- **英雄旅程故事**：把寓意或觀點包裹在熟悉的英雄敘事中，拿來和阻礙或壞蛋進行對比。

每一個組織都可以編寫這些故事，以利促成和客戶、贊助者、夥伴以及媒體管道的互動。

背書（testimonial）是一種強而有力的故事形式，這是一種簡短的案例研究，重點放在某個人為顧客做了什麼。以下有一組簡單的架構，每個人都可以套用來編寫簡短的背書：

一、**問題**：我有一項重大的需求／問題／痛處／挑戰。

二、**原因**：我會去找黛安娜，是因為這樣那樣（通常，都是因為你信任的某個人推薦你這麼做）。

三、**經驗**：我學到／體驗到的是這很正面、很有益，讓局面大不相同。

四、**結果**：現在我用不同的方法做這件事，或是體驗到當中的益處、成長或有形的結果。

我有一位客戶，是全球最大型保險供應商之一大都會人壽保險（MetLife）的行銷總監，我請他用以下的格式寫下一則背書型的故事[33]：

我任職於一個相當複雜的產業，要編製資訊文件，內容既要清楚明確具影響力，同時又面面俱到保留完整訊息，是非常艱鉅的挑戰。我的團隊每天都要經歷這樣的拉扯，於是我們下定決心要找到更好的辦法。

有一位深得我信任的人生導師建議我聯繫史帝夫．伍德拉夫，在我們第一次對話的過程中，我就知道他可以幫助我們。

接受了史帝夫為期三天的訓練之後，我們的團隊重新評估我們使用的素材是否清晰，並開始使用經過驗證的工具和技巧來加以改善。最令團隊大開眼界的，是記憶飛鏢以及需要對抗模糊不清語言（聽起來容易，做起來難）的概念。史帝夫的風格讓人很容易記住課程內容，他的心智捷徑、快速列表、幽默感和範例等，保證讓我們在幾個月之後還想得起來學了什麼，從而更能輕鬆應用。

我們甚至編製一個「好玩指標」，並應用到素材裡，不知這位清晰之王有何指教？

最讓我驚訝的是，如今我的團隊更能闡述為何簡化溝通如此重要，因為這會影響到利害關係人，有利於創造更美好的成果。我很驚喜地看到我們用訓練成果打造出的行銷方式，帶動更多有益的對話，讓我們在季初就創造出更多勝績。

像《伊索寓言》這樣的寓言故事，之所以永不退流行，是因為它濃縮了一切，透過充滿張力又流暢的敘事闡明了事實——為什麼我們應該要小心，別成為散播恐懼與悲觀的人？嗯，看看一直叫著「狼來了」的那孩子，就知道了。

喜劇演員可以靠著說故事過上愜意的生活。劇情有趣且峰迴路轉的故事，很容易贏得受眾的心，因為不論說出來的故事能不能讓我們感同身受（往往可以），光是開口說故事，就已經能吸引人且讓人記住了。

故事是很神奇的工具，而最有吸引力的故事，就是你的故事。你可能是千百萬家企業中的一家、八十億人口中的其中一個，但你的故事很獨特。**你的生活敘事，是你個人品牌中很重要的部分**。以下是一個簡單的範本，不妨試試從個人角度出發，編寫你的職涯故事。

- 我一開始的起點是這裡（可能是童年經驗、學校、第一份工作或某家公司的第一份職務）。
- 當時，發生了這些事（某種重大的改變或是某個人產生了影響力）。
- 現在我做這個（目前的職務／工作）。
- 我正要往某個方向邁進（未來的抱負）。

類似的綱要，也可以用來講述一家公司的緣起／蛻變故事。

當你可以對別人（以及對自己）說出自己的人生旅程「故事」，就更有可能因為對的理由被人記住，並得到設定目標的推介。

在本書的第一章，我談到一個關於一位俄羅斯政壇大老以及他命運多舛城堡的故事；我大可更詳細說明不同的專案管理原則，但這個故事已經留存在你心裡，而且鮮活地總結與說明了這些原則。我確定，你絕對不會忘記。

總結：故事能打動人心，讓人產生共鳴並且拉近距離。

技巧5

利害關係

「重要的故事裡，需要出現與人有關的利害關係。」

——美國公民意識行動者　艾倫・史瓦茲（Aaron Swartz）

你可以用幾種問題來問問：「會有什麼樣的利害關係？」包括：為什麼這很重要？為什麼我應該關注、記得與行動？如果發生這種事或那種事，又會如何？所謂的利害關係，是指特定行為或決策會造成的得失風險。沒有人願意花錢去看一個人拿著桿子在離地一英吋的地方走「低空」繩索表演——沒有意義的資訊，我們自然不要。

你之所以觀賞電影《捍衛戰士》（*Top Gun*）或《不可能的任務》

（*Mission Impossible*），是想看事關重大的劇情發展。一部兩小時的電影只演湯姆・克魯斯（Tom Cruise）如何洗衣服？人們可能不太記得住劇情，畢竟皺了的襯衫沒那麼重要。

我們想要的是有一點需要咬緊牙關、有些張力的相關性。「如果我這麼做，會出現什麼好結果？如果我不作為，可能會發生什麼嚴重後果？」我們的大腦總是不由自主地在評估重要性，這是人類生存設定中的一部分。不論任何情況，我們永遠都在努力地評估各種利害關係。**如果沒什麼風險也沒什麼立即性，我不會行動；如果後果嚴重，我就會把這事當成優先要務。**

為什麼新冠肺炎疫情引起眾人恐慌？因為領導者與醫療保健專家營造出一種認知：不論是對個人、國家或全世界來說，這都是最重要的事。我們都知道，世界末日（起於病毒、氣候變遷或是獨裁專制政府）永遠都是能突破雜訊的訊息。

行銷與業務人員都明白，他們最大的挑戰之一就是要營造出迫切感。午夜前行動，就可以獲得三項好禮；月底前下手，不然就沒有折扣。你舒適的退休人生可能處於險境，必須服用這種藥品，不然你會死（好吧，我們或許應該對這種程度的對比有所保留，諮詢醫師才是上策）。

關心學生的老師知道，未來會有什麼樣的成就，很大一部分取決於年輕時養成了哪些習慣。不管是家長、神父或老師，他們都明白這樣的道理，所以他們會講述因為做了某些事而錯失（或得到）機會的故事，為的是讓往往只在乎此時此刻的孩子，能有心思更看清楚未來。

你想知道利害關係重大的主題如何影響人們嗎？當槍枝控制這類的議題開始沸騰時，生與死、防禦與自由、犯罪與悲劇等迫切的利害關係都會插上一腳，人們的感性與理性面都會受到吸引。與此相對，關於能否使用餵鳥器，之於人們的利害關係不大，所以不會引發同等程度的刺激（但如果你是非常熱中此道的賞鳥人，那又例外）。

對你來說，什麼是最重要的？對你的部門來說呢？你的顧客或病患呢？你的公司呢？對於你的社群或國家的未來，重要的是什麼？當然，這類訴求可能遭到濫用，但我們仍有充分的理由真誠且務實地向群眾說明，點出他們的行動與決策會造成哪些後果，這樣他們會更容易記住，也更有可能行動。

切記，抽象的重大關係，比方全球的企業很可能每年損失一兆美元，是完全不會引起情緒衝擊的事物，也就不會直接影響群眾。相反地，「會議安排不當的話，公司裡的一般員工每個星期要額外消耗掉五小時工作時間」的說法，更能引起關注。

慣性是阻礙改變的敵人。你必須說出有重要性的東西、你要告訴對方為何重要。比方說，我在本書一再重複地告訴你，為何高效溝通對你的成敗而言非常重要，如果你不接受這個道理，最後就可能會變成糟糕的溝通者，接著丟掉飯碗——這事情可嚴重了！

總結：闡述利害關係能製造迫切感，促使對方有所行動。

技巧6

象徵

「一個好的比喻值得花三小時討論。」

——美國自由派運動人士　杜得利・菲爾德・馬龍（Dudley Field Malone）

幾年前，我有一位朋友在我的臉書動態上寫下：「生日快樂，清晰之王！」這個頭銜清楚好記，所以我就把它當作我的個人品牌名稱。

用這麼放肆的頭銜可能會讓別人覺得我厚臉皮，但這是無懈可擊的象徵語言，它簡潔、醒目、好記，還有點娛樂效果。儘管我那位向來講話很實在的媽媽對這個稱號深表懷疑，但我最後還是接受了，畢竟，誰不想成為在別人心中脫穎而出的王者呢？

我是對的。她並沒有隨時監督我是不是有講到這個詞，所以我猜我不會被罰不准吃晚飯，要餓肚子上床睡覺。

使用比喻和說明，代表你得使用超越字面意義的語言，創造鮮活且充滿想像力的描述與對照比較。這涉及運用修辭表達，例如：暗喻、明喻、擬人化、誇飾和象徵，用更有創意與互動性更強的方式來傳達概念與情緒。

象徵性語言可以把多重意義包裹在幾個鮮活的語言文字裡，有時，甚至一個單詞就夠了。這是在另一個人心裡留下畫面印象的終極捷徑。為什麼？因為**象徵可以挑動一種威力無窮且早已在大腦裡的東西：記憶鉤**（memory hook）。

要把新概念放進別人心裡很困難，相對之下，翻出已經存在的概念再套上連結就比較容易，也比較有效率。

耶穌想要說明信仰的本質時，祂把信仰比做喻為芥菜種子：一開始很微小，但最終長成四處可見的豐茂植物。耶穌的聽眾多半是農民，這是祂用來啟發他們的諸多象徵比喻之一。

當你說某個東西是「某某界的 Lexus」，言下之意就是這很奢華、優質、有專屬性，而且價格高昂。當你對別人說「蘿拉就像強烈颱風一樣衝進房子裡」，我們就知道蘿拉是社交能力渾然天成的人，一點也不含蓄內向。

要描述某個東西又大又強（比方微軟〔Microsoft〕、Google、亞馬遜或沃爾瑪超市〔Walmart〕），最簡單的說法是「八百磅重的大猩猩」。此話無須多做解釋，聽的人馬上就能意會。

如果你在比較偏技術面的產業任職，很難跟鄰居、小孩（甚至顧客）講清楚你到底在做什麼，有時候，最直接的方法就是利用精心選擇的對比。我認識一些人，他們會這樣描述自己：「你知道帶人爬上喜馬拉雅山的高山嚮導雪巴人嗎？我就像是這種人，我是職涯導航者兼顧問，我的客戶則是要轉職的行銷人員。」

臨床訓練專家艾利森．昆恩（Alison Quinn）[34]提過一位某個領域的主題專家，此人善用類比來講述複雜的科學性主題，好讓其他人更容易理解。

這位專家講出一幅畫面，用比喻來描繪惡性血液腫瘤，把不正常的細胞說成是青少年，這些細胞「看起來」像大人，是功能完整的細胞，但是言行舉止不像負責任的大人，非常張狂。另一種比喻，則說到不正常的細胞如何快速複製，最後失控；她把癌細胞和在花園種薄荷連在一起，說明癌細胞如何快速霸占了整個身體。

我在富蘭克林市的咖啡館裡時，會碰到很多很迷人的在地專業人士，其中一位是安德魯（Andrew）。安德魯幫忙音樂家推銷自己的歌曲和作品集，賣給有興趣的投資人。這是一種很小眾的事業，要花點時間才能理解；他在介紹過業內的種種細節之後，用了一種說法幫助我更能掌握要領：「基本上，我就是音樂界的房地產經紀人。」賓果！這就是用熟悉的事物來解釋陌生的概念。

以象徵語言來描述自己或公司時，你要謹記的最重要考量之一，是要使用正面且勵志的語言。如果你說你是「各行各業的打雜工」，就算這話講的是事實，也有損你專業知識或服務提供者的地位。

說自己是「瓷器店裡的牛」，或許能精準描述你不顧一切的工作態度，但誰希望團隊裡有這種人？比較好的說法，請看看一九八〇年冬奧美國冰上曲棍球（或其他居下風的隊伍），並說：「不管勝率多小，我的字典裡都沒有『放棄』二字。」

要能精熟運用象徵語言，意味著要不斷地自問：「這像什麼？」或「這跟真實生活中的哪些事物很相像？」或「我要如何幫助十歲的孩子從已知的層次跳躍到嶄新的層次？」

象徵性語言可以把多重意義包裹在幾個鮮活的語言文字裡，這是在另一個人心中留下深刻畫面印象的終極捷徑。

總結：具體的象徵能夠傳達出生動的畫面，幫助你要表達的概念被人記住。

技巧7

比較對照

「利用想像把身邊的事物拿來進行比較與對照（看哪一個比較好，哪一個比較差），這種創造力為人類所有認知、判斷與情緒反應帶來活力，也是基本動力。」

——英國詩人、文學評論家　山繆．泰勒．柯勒律治（Samuel Taylor Coleridge）

想要幫助別人理解某個概念，最有用的方法之一，就是拿來和其他概念進行比較和對照——這個不是那個，它們之間有相似之處，也有相異點。

當你在把某件事物和另外一件放在一起進行說明時，就更容易讓對方跳

躍到理解的層次。

- 他在高爾夫球上和過去的老虎·伍茲（Tiger Woods）一樣有才華。
- 這個甜點，就連美國甜點名店 Cinnabon 都自嘆不如。
- 你現在讀的不是長篇大論的商業理論書，（反之）而是務實的手冊。
- 你之前的供應商人手不足，但我們公司有二十五位全職員工，隨時都可針對主題提供專業建議。
- 我想要的車身顏色是禁止標誌用的紅色，不是暗紅色。
- 他們擁有大公司的資源，但卻是新創公司的辦公室文化。

做比較時，應該先找到兩個要比較事物之間的相似性，接著再談差異性；如果是對照，應該把重點放在兩相對照事物之間的差異性，再談相似性。無論如何在這兩種情況下，重點都是要舉出具體的範例，替讀者釐清你的重點。

我最近去了美國的懷俄明（Wyoming）、愛達荷（Idaho）和蒙大拿

（Montana），雖然這些地方風景很漂亮，但一直讓我覺得莫名不安，最後我終於找到答案——山丘和森林總是讓我覺得自在，但廣闊的天空對我來說太大了，以致我一直覺得暴露在外，而這就好比是一種逆向的幽閉恐懼症。

和某人初次見面時，每個人心裡都會有很多未言明的問題，其中之一會是「你我在哪些地方會合得來？」身為顧問，我會隨時讓大家知道我會和哪些客戶合作、不和哪些合作，我提供哪些服務、不做哪些。如果我想要用捷徑讓他們心裡有個底，我會用這種比較差異法。每一家公司和每一個品牌都應該這樣做，以幫助潛在客戶把他們快速歸類在正確的記憶空間裡。

這個方法在兩種場合下更有價值，一是工作面試，一是人脈經營聚會。「我的優勢不是擔任職能部門的經理人，反之，我善於傳遞願景與設法突破進入新領域。」「我竭盡全力做好獨立貢獻者的角色，而不是成為巨輪中的小齒輪。」我不是這個，我是那個；我做這個，我不做那個。

在書面和簡報資料中，圖、表、表格與資訊圖表都是用於比較和對照具體重點的基本工具。例如，一個視覺化的「這個V.S那個」比較圖表，不用太多文字語言就能立刻創造出洞見。

此外，這項原則有一個強而有力的應用，你可以用這來定位你自己和你的公司，你要對抗的是其他的「壞蛋」，這在銷售和行銷上特別好用。每一部好電影、每一個好故事都需要有壞人和主角形成對比。如果你把自家公司的服務定位在要對抗「市場上現有的大壞蛋」，也就是（就讓我們假設吧）那家不講人情、反應遲緩且收費高昂的公司，那你會更容易做好推銷。

如果你把所屬產業裡的達斯．維達（Darth Vader，譯註：《星際大戰》裡的頭號反派）或索倫（Sauron，譯註：《魔戒》中的黑魔王）拿來和自己相比，就會勾起聽者的情緒，而你可以借力使力。

關於這點，就不得不介紹終極的比較型行銷活動：百事可樂大挑戰（Pepsi challenge）；試喝的人要盲喝可口可樂（Coke）和百事可樂，然後決定他們比較喜歡哪一種。同樣地，多年來，租車公司艾維斯（Avis）也借用市場領導者赫茲（Hertz）自我定位，宣稱「我們第二名，我們更努力」（We're #2. We Try Harder）——人天生喜歡為弱勢的人加油打氣。

重點
技巧7　比較對照

大家都知道景觀設計師在做什麼，但有很多人的職業或負責的業務比較難講清楚，技術成分也比較高，如果對方很難理解你這個人、你在做什麼，不妨試著用對照的方式來說明吧！

利用對照和比較，可以幫助你更快回答沒說出口（以及說出口）的問題，且讓人更有記憶點、印象深刻。

總結：用相近或相異的事物來比較，能留下具體且鮮明的印象。

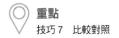

技巧 8

摘要

「要驗證一個人的聰明才智，最好的方法可能就是去檢視他做摘要的能力。」

——英國作家、評論家 利頓・斯特雷奇（Lytton Strachey）

我之前講過，我們在設計溝通時要做一件事叫「鞏固」，摘要是鞏固理解和達成協議的最好方法之一。比起長篇大論的說明，人類的大腦更容易處理與記住簡短的重述要點（或是預覽要點）。

摘要，是長篇文本、演說或其他內容的簡短概述或濃縮版本，它簡要擷取了最重要的資訊或概念，以及刪掉比較無關的細節或範例。

摘要的目的，是讓讀者不必讀完全部內容，也可以快速理解原始資料的主要重點。你可以利用摘要達成各種目的，例如：

- 用來應付大、小考試的學習或複習內容。
- 為不熟悉某個複雜主題的人提供概述。
- 為同事或團隊成員進行報告或簡報提要。
- 和其他人分享一本書或一篇文章的關鍵精華。

細節的重點在於全面，而摘要則是要讓人快速檢視。

當我們在閱讀或聽取資訊時，大腦會在短期記憶區中處理訊息。然而，如果想要把這項資訊移轉到長期記憶區，就需要積極行事，串起現有的資訊和既有的知識。彙整資訊做摘要能強迫我們把焦點放在關鍵重點和概念上，進而把這些資訊移到長期記憶區，讓記憶更深刻。此外，摘要通常使用簡單的語言與明確的編排，因此更容易被理解與記住。

以組織來說，最高階的摘要性宣言（目的、願景、使命、價值觀）通常都編寫得很拙劣，很難記住。泛泛空談的摘要效果很差，然而，用精鍊宣言來說明核心想法，仍是一個非常寶貴的概念（前提是要編寫得好），畢竟沒有人會鉅細靡遺背下長達三十頁的手冊。

教會通常會有信仰宣言、重要教義概要和教義問答，每一種摘要都是可以激發信徒大腦注意力的捷徑，也都是達成合意和一致的基礎。

最近，我和一家客戶合作（具體來說是該公司的學習發展部）開設清晰工作坊。在過程中，我們發現一件事：團隊中有一位成員對於工作角色另有想法，與其他人的假設對不上。當中沒有人有惡意，但因為他們對於規範主要職責與活動的簡單（書面）摘要想法並不一致，導致產生了誤解。

另一種場合也經常會出現這種情況，那就是會議。最理想的會議要有明確的事前摘要（議程），還要有簡短的會後摘要列出會議結果和近期該做的事。如果都放任不管，不去做確立和鞏固，就不可能協調到一致。

本書的目錄和簡介也是摘要。在你試著讀完整本書之前，你會想要拿到一份全局概述，知道接下來會讀到什麼。

總的來說，以下是你會想要多多使用摘要的理由：

- 摘要可以快速瀏覽。
- 摘要很容易處理。
- 摘要會讓資訊更容易進入記憶中。
- 摘要展現了尊重群眾的時間和腦容量。

現在，我們要來摘要本書第三篇的內容：透過明智審慎運用上述工具，你可以幫助群眾更容易掌握你的企圖並理解重點。至於捷徑，是用對大腦友善的方式快速激發大腦注意力並啟動記憶。

這些工具也讓你的整體訊息變得更有趣、更容易被人接收。當你可以用故事、象徵、精選片段或其他方式來點燃興趣、引發互動，又何必弄得枯燥乏味呢？

如果你要傳達的訊息很重要，就要讓你的訊息有黏著性。奇普．希思與丹．希思（Dan Heath）[35]用魔鬼氈做比方，他們在《創意黏力學》一書裡說：「大腦要管理的迴路數目量極為驚人，為此，當一個概念有愈多鉤點時，就愈能黏在記憶上。」

如果你跟我一樣，希望你的訊息能夠盡量快速地傳出去、嵌入受眾心裡，如今你知道該怎麼做了。現在，我們也該整合所有原則與實務操作，實際上動起來了。

總結：做好重點整理（懶人包），能快速且有效地傳達複雜的訊息。

第四篇

清晰表達的
十個商業場景

人類的溝通模式百百種，諸如寫作、演講、領導、指導、面談，凡此種種。清晰燃料公式適用於每一種模式，因為不管我們用哪一種溝通方式，重點都是大腦希望以它想要的方式，得到它想要的。

想一想你最記得的老師、培訓人員和領導者，他們很可能都有一個共通點，就是你理解他們在講什麼，他們也很清楚這一點。

你可能是執行長，也可能是新進員工；你可能很害羞，也可能很大膽；你可能年輕，也可能年長；可能聲名遠播，也可能沒沒無聞。沒關係，無論如何，只要掌握「清晰」這一點，在溝通方面都會有出色表現。

我為客戶舉辦的工作坊，重點往往會放在特定群體上，比方新進領導者、現場經理人、業務代表、技術專員、公司重要領導者等，然後處理一種或多種特定的溝通實務，例如行銷、簡報技巧、電子郵件技巧、專業／個人品牌經營或是教練輔導技巧。清晰的種種原則四海通用，但訓練／提升技巧的應用有很多不同類型，而且適合特定範疇。

為此，讓我們深入一些實務做法，讓你可以馬上藉由重新設計十種溝通形式，達成更高的成效，這十種形式分別是：電子郵件、簡報、教學與培訓、領導力、合作、使命宣言、品牌經營、個人品牌經營與職涯發展、社群媒體和人脈經營。在應用每一種溝通方法時，請記住：你可以應用「從A轉移到B」的練習讓你的焦點更精準。

場景 1

電子郵件

「要成為高效的溝通者，最重要的，是要確認你的電子郵件清晰、直接且對方能正確理解。」

——美國專業演說家　萊恩・佛蘭德（Ryan Foland）

一直以來都有人預告電子郵件將死，但就像世界末日的預言一樣，期限總是一再往後延。到了二〇二二年，全世界每天發送的電子郵件量達三千三百三十二億封[36]，而大量的電子訊息，也代表了大量的可獲得（或失去）的機會。

電子郵件並沒有不好，但確實有些「寫不好」的電子郵件，所以才需要「刪除」鍵。我本來以為鍵盤上最早被磨損的按鍵應該是「刪除」鍵，但Google告訴我是「空白」鍵。噹噹！這也可以變成很棒的精選片段。

撰寫簡潔有力且高效的電子郵件，是實際應用清晰原則的最佳練習。透過電子郵件，每天你都可以多次練習從本書中學到的各種戰術。當你和你的團隊都很熟悉如何撰寫與傳達清晰的電子郵件之後，其他的就水到渠成了。

你知道人們如何評價第一印象嗎？嗯，以電子郵件來說，你只有短短的一時半刻能贏得讀者的目光與注意力，因為他們瀏覽收件匣的速度飛快。房地產經紀人會講到外觀吸引力在視覺上的影響力，而電子郵件訊息要具備的則是內容吸引力。

因此，請確認自己充分善用了電子郵件訊息的視覺資產，也就是主旨欄位和第一句。你要設下一個鉤點來勾住收件人，如此一來，才會讓對方更容易接受其他的訊息。

如何把電子郵件設計得對大腦更友善、更能發揮效果？以下有一些簡單的建議：

- 你為何要發這封郵件？想達成什麼結果？在你開始撰寫郵件前，先想好一個明確的B點。
- 一開始就要說清楚，就這封郵件來說最重要的是什麼，收件人又應該做什麼。把行動號召往前挪，放到主旨欄或第一段。
- 目前有將近一半的電子郵件都以行動裝置讀取，換言之，能展示的視覺空間極小。為此，你要簡潔直接，否則收件人就得多花很多心力（以及捲動信件的力氣）去檢視這封信的切身相關之處在哪裡，而你也會因此失去對方的關注與互動。
- 關於電子郵件訊息內的主文，可考慮審慎地使用斜體強調或粗體字以凸顯主要重點，確保忙碌的收件人馬上就知道你的目的何在。
- 善用留白，以免太多字全都混在一起。段落要簡短，使用分段讓讀者更容易快速掃描重點。
- 請盡可能撰寫簡短、焦點單一的訊息，讓收件者可以快速回應，而不要用一封信涵蓋多個主題。如果你迫使收件者要投入太多心力去思考不同的主題，就比較難收到快速回覆，也很可能意外造成混淆。

- 如果你的溝通內容不得不長一點、複雜一點，請用條列式提供快速且容易瀏覽的摘要；使用連結或附件來處理細節，信件中的訊息切勿過載。另外，也請把資訊分層。
- 如果你處理的是轉寄訊息的電子郵件鏈，請考慮限縮副本收件人，或提供內容摘要，或把主旨欄改為對方更切身相關的主題。與收件者本人相關性不大的冗長電子郵件鏈，基本上就很讓人困惑，收件人要費很多心力才能搞清楚狀況。

美國新創媒體公司Axios委託蓋洛普（Gallup）民調公司針對「工作上的溝通」進行一項調查[37]，發現其中有七〇%的員工希望工作上的數位溝通篇幅短一點（只有四%希望長一點）。此外，僅二〇%的人非常同意公司的領導者能有效地和組織裡的其他人溝通。由此可見，整體的改進空間很大。

一寄達就躺在收件匣裡的電子郵件多到不得了（不幸的是，其中有很多都很重要），原因就是溝通設計上對大腦不友善，沒有在一開始就明白點出相關性。如果每一個人、每一家公司都接受溝通設計訓練，就有能力遵循這些簡單、清楚的原則撰寫每一封電子郵件了，投資報酬率可謂無可限量。

總結：撰寫電子郵件請把行動號召放在主旨或第一段，並且一封信只說一件事。

場景 2

簡報

「仔細設計之後再審慎說出口的話，是最強而有力的溝通工具。」
——美國演說家、作家、企業家　南西・杜爾特（Nancy Duarte）

我很喜歡設計簡報與發表簡報。我和每一位講者一樣，有一些優點，也有一些會讓人打瞌睡的地方。英國金牌企業演講者、作家菲力普・汗－潘尼（Phillip Khan-Panni）統計，有八成的簡報都無法傳遞設定好的目標[38]。

應用一些簡單的實作方法，我們大有機會進入頂級的二〇%，其中的方法之一，就是要有清楚的路線圖，知道如何走到預設的終點。

專攻演說指導的伊娃・丹妮爾（Eva Daniel）說，讓受眾馬上知道你在演講過程中要帶領他們前往哪個目的地，非常重要，否則他們就不會跟著你。為此，你應該在簡報的開場白和主文之間，塞進簡短的路線圖預覽，點出目的地與這場簡報的承諾。最近，我開始用非常明確的「最終結果」做為承諾，來開始我的工作坊課程，例如我會說：「上完這堂課之後，你下一次發出的電子郵件一定會明顯更好，我保證。」

我問丹妮爾，一般受眾聽完她針對出色公開演說所做的簡報之後，會得到哪些具體的收穫？很多人很容易講出一般性的說法，比方說「成為更好的演講人」，但這一點都沒有「黏著力」，也不激勵人心。丹妮爾講出她預期能帶來的三項明確「WIIFM」成果：

- 受眾若應用她講的原則，準備簡報時可以省下很多時間。
- 精心編製與巧妙呈現的演講，可以幫助你建立思想領袖的地位。
- 技巧純熟的演講者可以在簡報期間提高群眾的互動度。

與這項建議剛好相反的，是「數據轉儲」（data-dumping）。製藥界有一種惡名遠播的現象，那就是「思想領袖」及其他人常會拿出塞滿資訊的投影片，並在做簡報時逐一讀完帶過。這不是溝通，只是自顧自地講述。如果你必須傳達密集或複雜的資訊，最好的簡報方法是擷取要點做投影片，口頭上輔以簡短的說明或解釋性的導引。一開始給受眾快速摘要或強調重點，可以提高參與互動。

事實上，臺下的受眾會默默地祈求你能給個理由，讓他們聚精會神聽你說，換言之，他們的RAS在找「WIIFM」。因此，**不論是在線下或線上進行簡報時，請務必一開始就點出明確的鉤點，這個鉤點可以是明確的聲明表態或令人眼睛一亮的精選片段，好讓他們願意投入聆聽**。接著，請設計出簡單、符合邏輯的簡報流程，以導向明確的終點。

- 在受眾的心中都會有一個沒說出口的問題：「為什麼（要聽）？」你必須在第一分鐘就回答這個問題，為此，要避免用大量的背景資訊、歷史以及流程討論來導引簡報主體。現在沒有人想聽這個。告訴他們你有什麼、你要帶他們去哪裡，不用講你要怎麼走。

- 避免使用太多訊息讓受眾的大腦過度負載。密集的資訊會讓大腦需要處理過多數據，視覺上也會應接不暇，這是扼殺許多簡報的原因。當你在規劃素材時，請想一下：我**真心希望**人們離開時能記住的一、兩件事是什麼？然後把多餘的通通刪除。
- 如果是在一群人面前簡報，能替你加分的是成為一個引導者與評論者，而不是投影片旁白人或數據傳播者。每一張投影片只談一個精實的主題或訊息，搭配不超過一張圖。你的簡報目標，是讓聽的人很輕鬆、很快就能吸收。如果有更深入的數據和細節，可以用口語描述、講義或用來傳達更密集內容的後續投影片來補充。
- 不要用製作深入報導的方式來設計投影片，反倒要盡可能更簡單點。美國市場行銷專家蓋伊・川崎大力倡導「10-20-30」的簡報製作原則（10-20-30 Rule）[39]：最多十張投影片，時間不可長過二十分鐘，使用的字體不小於三十級。某些類型的簡報無法簡化到這種地步，但這是一種很好的訓練，當你製作投影片時，不妨利用這類架構來保持清晰與簡潔的溝通原則。

- 編入故事，讓聽的人也能投入感性面。可用一些幽默感或個人趣聞軼事來點綴，提供明確範例來闡述特定重點；播放短影片，納入視覺性的精選片段。大腦無法專注在持續密集的事物上，因此在設計簡報流程時，請留一點比較輕鬆的時刻，以緩和節奏。
- 絕對不要用小型標籤、過於詳細的視覺圖像／圖表，或者對比性不強的文本與背景顏色組合。瞇著眼睛、一臉困惑的受眾會很挫折，根本吸收不了任何訊息。

除此之外，還有一個額外的祕訣：如果你有朋友或同事是講起話來深思熟慮、有條有理的人，不妨先給他們看看你的簡報初稿（視訊會議特別適合用來做這種事）。你通常相當熟悉自己的素材，以致無法找到盲點，所以先拿給其他人看看，並觀察他們對你的簡報內容流程與設計有何反應，會相當有幫助。

美國作家和演說專家麥可・史特茲納（Michael Stelzner）擔任社群媒體檢驗人公司（Social Media Examiner）與社群媒體行銷世界研討會（Social Media Marketing World conference）的創辦人兼執行長時，花了很多時間評估何謂良好的溝通技巧[40]。他在營造群眾參與時不僅偶爾會帶入故事，還更勝一籌，會讓受眾沉浸在真實人生元敘事的高潮迭起裡。比方說，一開始他會提出一項有點挑釁的主張或挑戰，提及近代歷史裡的事件或迷因，接著指出趨勢實際發展的方向，並用故事的寓意做總結。這種結合了熟悉與洞見的組合是很強大的溝通技巧，可以讓受眾聚精會神地聆聽。

做了一場簡報卻無法帶來益處，會造成很大的潛藏成本。如果八十位商界人士花了一個小時去聽一場讓人心不在焉的無成效簡報，那就是寶貴的兩個星期工時（總共八十個小時）一去不返。無法激勵受眾找到洞見、起身行動，也會讓未來的機會成本提高。為此，花時間確保每場簡報都具備了對大腦友善的溝通設計，是很值得的投資。

你並不是只要做一場簡報而已，你要負責的是創造價值：你的受眾離開時，會帶走什麼可以激發討論、深刻理解或行動的改變呢？

總結：簡報要在開頭就說明利益點或價值所在，切記不要在投影片中塞入太多資訊，只留真心希望聽眾記得的事。

場景 3

教學與培訓

「若無法迷住我的理性、想像力或興趣，我就不會或無法學到任何東西。」

——英國前首相　溫斯頓．邱吉爾（Winston Churchill）

如果你是一位老師，在教室（不論實體或線上）的某段時間內，可能會有一群人乖乖地聽你說話。但很多時候，雖然他們人在那裡，但心思可能早就不知道跑到哪裡去了。面對這一群「囚徒」，你能為他們做的唯一一件事，就是想辦法讓他們持續地「入迷」。

誠如前述，我們知道在簡短的訊息中（比方三十秒的廣告、電子郵件、社群媒體上的短影音），必須馬上抓住注意力，且要在一開始時就辦到，但如果是時間比較長的溝通形式，例如一堂課，就得善用能吸引大腦的捷徑和其他引人入勝的戰術，好不斷地重新捕捉與更新受眾的注意力。

傑出的老師與培訓人員懂得把死氣沉沉的概念講述得活潑生動，他們不只是傳遞想法，還會帶給人啟發。我在大學時遇過一些相當傑出的教授，當中有些人會使用道具，還記得有一位物理學教授把一張貨真價實的釘床拖進教室，然後躺上去。我不知道他怎樣獲得許可，能年復一年地把這張龐然大物放在學校裡，但他確實「凸」顯出了重點（我用了雙關語）。

我自己則經常運用一些填充玩具，例如：利用鴿子，來解釋為何做出像鴿籠一樣一格一格的明顯市場區隔對品牌經營很重要；利用企鵝，說明何謂融入群體的動物。這些道具跟釘床不一樣，到處都有，但把這些東西帶進正式場合仍有些奇特，所以我會放進上鎖的行李箱裡。

無論用什麼工具抓住群眾的注意力，說到底，重點是素材推演的流程必須對大腦友善。**對聽眾來說，架構凌亂的資訊就像大海撈針。為此，老師和**

培訓人員必須設定優先順序，並賦予資訊意義，從簡明易懂的事物說起。

美國行銷顧問湯姆・馬丁（Tom Martin）有次在指導同事做簡報，告訴對方如何做才能更清楚、更具體，而他評點對方所做的工作時說[41]：「除了你之外，這對任何人來說都沒有意義。」在「知識的詛咒」影響下，人們會假設受眾也知道自己知道的東西，如此會造成你站在臺前時忽略掉重要的資訊。要避免這樣的情形發生，最安全的方法是做「相反的假設」。

如果你要負責教學或培訓，那麼太好了，你可以直接使用我在本書之前討論過的各種規則和工具。

- 比對你的內容，列出主要重點、次要重點和輔助資訊，做好資訊分層，因為並非所有資訊的重要性、權重和相關性都一樣。準備時要回答以下幾個問題：什麼最重要？為什麼重要？我期待受眾有何反應與行動？
- 讓學員馬上就理解相關性與利害關係。美國教育家馬爾科姆・諾爾斯（Malcolm Knowles）博士提出了六項和成人教育學習有關的假設，第一項就是要解釋「為什麼」要上這門課。

• 把說明性與有趣的故事大量編入每一堂課裡。枯燥的原理和事實會使人注意力渙散，反之故事可以賦予訊息生命力。

• 恕我直言，當你站在臺前，某種程度上就是要娛樂學員。你不只要傳達智慧的珍寶，也要讓過程變得很享受。我最喜愛的技巧之一，就是用我最悅耳的播音員聲音，誇張地唸出一段充滿難以理解術語的文字；這麼做總是能引來笑聲，但我也敢肯定這會讓人記憶深刻，且成功直指重點。

• 善用新聞。每個人都知道最近發生的事件，若可以把某項原則連上昨天的新聞頭條，就等於找到捷徑，直通受眾的注意力和情緒。

• 請受眾提供自己的案例，講述某個特定的原則或主題如何在他們身上發揮作用。從他們身上找故事，之後再討論這些敘事。

• 請記住，身不由己坐在課堂上的受眾討厭瑣碎的資訊匯報。在我看來，學生的百般無聊，正是講者製造出來的問題。如果你沒看過羅賓．威廉斯（Robin Williams）在電影《春風化雨》（*Dead Poets Society*）裡飾演的迷人老師，我建議你馬上找來看，你絕對不會忘記他把一本枯燥沉悶的詩選教科書總結為「大便！」（excrement!）。

並不是每一個臺下的聽眾都對每種內容有相同的反應。為此，麥可．史特茲納大力主張要用各種不同的方法呈現概念，例如：故事、數據或圖表。每一個溝通者都知道，人們會選擇性傾聽，且很快就會忘記，因此，回顧之前提過的片段或在重點上加個新故事，都有助於確保有把重點傳達出去，而這正是「鞏固」的做法。

另外，一開始就爭取注意很重要，透過演練與互動讓聽講的人繼續參與下去，才是真正有學到東西的時候。羅馬爾學習解決方案（Romar Learning Solutions）的總裁大衛．大衛斯（David Davis），他同時也是一位非凡的企業培訓人員，曾經把他同樣身為教育人員的妻子汪達（Wanda）常用的黃金法則[42]摘要成這樣一句話：「有動手的人，才是有學到的人。」如果講師做完了所有的事，一直講、一直講，沒有設計演練時間讓學生親自動手應用原則和做法，那麼學員就會失去興趣。換言之，除了講述，從做中學也很重要。

當你在檢視內容的整體進程與發展流程時，請不斷自問以下的問題：我在這裡要如何激發他們大腦的注意力？我要如何說明這一點？我要如何把這一點變成與聽者切身相關？我要如何把這一點營造成更有吸引力的經驗？你的受眾會感謝你付出的心力。

總結：授課時，需要將內容做好資訊分層，列出主要重點、次要重點和輔助資訊，同時善用引人入勝的戰術，藉此持續捕捉受眾的注意力。

場景4

領導力

「九〇％的管理問題，起因都是溝通不良。」

——美國教育家　戴爾·卡內基（Dale Carnegie）

以前我尚在醫療設備銷售部門工作時，需要和另一位同事共同分擔業務開發的責任。我負責一半的美加地區，同事則負責另一半。我有我自己擅長做的事，我同事的強項則不同，然而，我們倆對於自己要擔負的另一半職責都感到相當挫折。

新來的經理看我們很辛苦，於是花了一點時間釐清我們兩人的權責，他建議我們不要按照地區劃分職責，改用「職能」來劃分，例如：我負責爭取新客戶／行銷，而我的同事負責顧客／技術支援。這讓局面完全改觀，也為我們兩人鋪好成功之路。

這是我第一次有了重要體悟，但直到日後讀了《發現我的天才》（*Now, Discover Your Strengths*）一書，才能比較完整地表達[43]。領導力涉及人才管理，而人才管理代表要主動積極聚焦在獨特的個人或專業特質上，把適當的人才放進適當的位置。換言之，要先釐清身分認同與目的，才能釐清期望。

領導者也要釐清訊息，不是光靠魔法或讀心術就能將團隊調整到一致，帶領他們前進。說到底，就是要用清楚的文字語言表達清楚並可做為行動依據的想法，要事前主動，不可擺爛不管、語焉不詳、猶豫不決。能為人們鋪好成功之路的是人類的智慧，而不是人工智慧。為此，**領導者要設定目標、溝通目標，而且要非常清楚**，不可以有模糊地帶。

高效領導者會用簡單、簡要的聲明來回答以下這些問題（無論有沒有說出口）：

- 我們這個團隊／組織的目標與方向是什麼？（目的地）

- 所謂的「好」是什麼意思？（定義）
- 下一步是什麼？（決策）
- 從整體與日常來說，我的職責是什麼？（交辦）

那麼，高效領導者在日常層面上，要如何應用清晰的原則與實作方法？

- 幫助團隊成員找到自我價值與長處，藉此培養自我認知，並把這當成是最重要的目標之一。幫助他們找到可以總結個人專業身分認同的關鍵字。這項練習是培養人才與營造有益的長期敬業態度之關鍵。
- 如果員工不清楚自己的日常職責，請他們用「1－2－3」的順序，列出他們認為的三項主要優先要務，接著解釋並釐清你的期望是什麼，直到雙方都理解且達成共識。
- 練習傳達明確的細節與有形項目，例如：目標、優先要務、流程、結果、交付項目等，這些要盡可能務實且可衡量。雖然深富遠見的人可以靠著不同程度的模糊與創意，自行茁壯成長（正因如此，世界上才會有創業家），但多數人偏好在比較確定的規範之下做事。模糊不清無法讓人走上成功之路。

- 讚美員工時要指出具體的表現，不要只是說：「你在艾克梅這個案子上表現很好。」要說：「過去三個月來，你跟進艾克梅的進度時展現了技巧，立下良好的典範，值得全公司的人學習。」
- 考慮針對組織中的每一個部門，都編寫一份特定的使命聲明。舉例來說，人力資源部的實務目標和業務團隊就大不相同，後者又跟資訊科技部門有很大差異。為每個單位「品牌化」可以創造出更清楚的認同、文化與期待。記得，每個團隊的「什麼」、「對誰」、「為何」、「如何」與「哪裡」都是不同的。
- 收集可以扼要傳達組織價值觀與成就的故事，並定期傳播。故事會比枯燥的原則更能提供資訊與激勵人心。

以這些實務做法來說，有一些在比較大的公司會出現變化型。珍妮佛・

穆絲克（Jennifer Muszik）[44]曾在輝瑞（Pfizer）、羅氏（Roche）和百健（Biogen）等跨國企業帶領學習團隊，服務對象是派駐到客戶端的同事，她說要讓全球各地的利害關係人都能接受，關鍵點是要聚焦在最高的策略層次上，並且弄得清清楚楚。在大格局的企圖上調整到一致，遠比執著於戰術上的細節更重要；後者通常會因為國家的不同而大不相同。這時，協作及「達成共識」代表主重點要放在整體的方向上，特定指令則是次要。

我的朋友約翰・諾維爾（John Novello）[45]是一位知名的爵士樂手，我問他在現場演奏時面對其他樂手，要如何落實清晰原則，他強調主重點要放在整體的方向上，特定指令則是次要。爵士樂有很濃厚的即興成分，與指揮有精準固定樂譜的交響樂相比之下，爵士樂演奏者要達成共識，更需要視情況而定，機動性也會更高。

在企業培訓領域，負責發展內容的人經常被要求針對課堂、工作坊或課程提出「學習目標」，但在訓練醫藥界業務代表與領導者有幾十年經驗的傑佛瑞・泰勒（Jeffrey Taylor）[46]說，這類聲明通常很制式化，甚至模糊不清。

反之，應該要編製的是技能導向的「績效目標」，這才是員工很容易就可以從工作上看到的。這些是以特定行為和態度變化為根據的務實期望。

培訓課程的設計重點，是要讓學員從一種表現狀態轉變到更好的狀態，而不是僅負責傳遞知識。每一位領導者、經理人和培訓人員都應該善於闡述明確定義的實際工作期待，帶領員工成功並營造健全的當責文化。

領導者、經理人和教練的地位特殊，能幫忙營造出敬業的聚焦企業文化。當企業用穩定的清晰度來應對ＶＵＣＡ時，最可能出現這種美好結局。

總結：領導者要傳達明確、務實且可衡量的工作指示和規範，並確保彼此之間對職責的認知一致，在激勵員工時，要指出具體的事實。

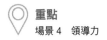

清晰聚光燈

給予明確期望，就能激發動力

史帝夫．哈瑟（Steve Haase）任職於「超教練指導」（Superabound Coaching）[47]公司，是一位領導力教練，他講起多年前他為了加入美國海軍樂隊吹奏小喇叭的選拔經驗，強調為職務訂出明確期待的重要性。

他的才華讓他入選，但這個職位的工作說明很模糊。當即將退休的軍官長篇大論、侃侃而談他們過去光榮歲月的故事時，他和同事得在下著雨雪的戶外瑟瑟發抖，或穿著制服汗流浹背。

面試者並沒有矇起眼、昧著良心，應徵者都得到充分告知，警告他們這份工作並不是在舒適的交響樂廳裡巡迴演奏，不過未來可能進得了紐約愛樂（New York Philharmonic）。只是就目前而言，這份工作會有很多不適的地方，也沒什麼榮耀感，他可以接受嗎？

他可以。因為「期望」很明確，他知道他以及他的喇叭要走向什麼樣的未來。

場景 5

合作

「無論是什麼樣的組織，合作都是成功的關鍵要素之一。所謂的合作，是透過明確定義的願景與使命落實，並以透明且持續的溝通為基礎。」

——印裔美國企業執行長 迪內什・帕利瓦爾（Dinesh Paliwal）

在工作上，很少人有辦法單打獨鬥。美國演員湯姆・漢克斯（Tom Hanks）在電影《浩劫重生》（*Cast Away*）中飾演獨自受困於南太平洋小島的人，僅有一顆被他取名為「威爾森」（Wilson）的排球可以互動相伴。反觀現實生活中，我們身邊有很多麻煩人物，這些人各自有瘋狂的想法、缺點及不同的理解認知。

也就是說，我們必須懂得如何與他人合作。在我們的人生中很多「威爾森」，他們無論在理性與感性層面上，都和我們大不相同。

事前先為了語言文字爭執，好過之後為了結果互相對峙。早點達成共識，日後才不會變成彼此的豬隊友。那麼，要如何做到這一點？**唯有將期望調整到一致**，才有可能同心協力。你必須提出清楚的（書面）路線圖指向終點，並說明如何走到終點。以終為始，然後做一點逆向工程，拆解走到終點需要哪些步驟。以下是一些訣竅：

- 不要期待不同利害關係人的行動目標、期待和心理元數據會奇蹟般相同。反之，要闡述最高階的目標（分層金字塔的最上層），然後先取得口頭與書面的協議，再列出更深入的預期與流程（金字塔中層）。這麼做之後，才能接著協調細節（金字塔底層）。
- 學習反覆調整專案發展。一開始先做最簡單的架構與取得同意，接下來再轉向下一個階段的發展工作。持續逐步進行，慢慢琢磨與協調，不斷改進，不要期待專案不需要經常提報與查核就能順利進行。

• 無論是高階或細節層面，書面計畫都是合作順利的關鍵。要把期望寫成書面文字，才能有正確的行動與適當的當責，僅取得口頭同意往往會造成誤解。

• 與外部廠商合作時，一定要安排啟動會議，讓每個人都同意所有的期望、時程和變數。無論是什麼樣的專案，一開始就讓關鍵的內、外部利害關係人對於流程和交付項目達成協議，這點非常重要。

• 要確定並具體分配職責。每一位利害關係人都應該清楚自己要有什麼貢獻（以及範圍在哪裡）。可行的話，可以指派一位專案經理負責時程、審查／審核和溝通。這就好比如果同一道菜由多位廚師負責烹調，放進來的東西就會很雜亂，如此一來，無可避免會製造混亂。

• 明確寫出每次會議的目的和議程，散會後也要提出書面摘要以確認達成協議，並協調到一致。

簡潔精要對於明確溝通至關重要，但在某些時候，詳盡說明細節也很重要。所有的顧問人員或廠商都碰過不知道自己要什麼的客戶。為此，務必要在事前主動提出帶有目的且精準的問題，穿透表面，深入挖掘，方能探知真正的需求和目標。這是用清晰取代模糊，是你可以為工作環境增添的最重要價值之一。

學習顧問金姆．卡塔妮雅說她曾經處理一項大型專案，這位客戶想要更新所有新進員工在家學習與就職前的學習素材。客戶原本的委託範圍太廣泛也太空泛，難以執行，因為對方沒有適當說明目標，也沒有時程。然而，進行深入訪談、詳細分析、課程比對與設計發展之後，這反而變成了一項預算達上百萬美元的專案。能釐清到這麼清楚是一大成功，客戶也相當滿意成果，最後更把這家公司變成好幾百萬美元生意的往來客戶。

很多公司以「矩陣型」架構運作，以虛線表示職責，非常需要廣泛合作才能達成共識，向前邁進。要讓不同部門的人在一起合作，更重要的是，必須使用簡單直接的語言，來確保大家的想法是一樣的。

在全球經濟體中，很多專業人士經常要和非英語母語人士聯繫，因此，使用最簡單明確的詞彙非常重要。傑克・艾波曼請客戶寫下他們講的話，如果客戶覺得寫報告或提案很困難，則會對他們說：「你想要表達什麼？先用講的。」

我最近對一位企業領導者應用了類似的技巧。他覺得很難針對大型媒體公司營運部門寫下有用的目的聲明，第一版很抽象，因此我問了一個簡單的問題：「嗯，這些人都**做**什麼事？他們的實際的目的是什麼，在組織裡又有什麼價值？」接下來試著提出的答案依舊很模糊，因此我再問相同的問題，到了此時，適當的用詞就開始跳出來。

記住，定義、摘要、記錄，才能讓共同合作的多方達成共識。

總結：團隊或跨部門／異業合作時，要先協議最高階的目標，討論預期與流程後，再協調工作細節。定義、總結、記錄，將期望調整到一致，才能妥善合作。

場景 6

使命宣言

「就我所知，以終為始最有效的方法就是找到個人的使命宣言、哲學或信條，其聚焦在你想要成為什麼人（特質）與想要做什麼事（貢獻與成就），以及這是你個人行事所依據的價值觀和原則。」

——美國管理學大師　史蒂芬・柯維

美國作家賽門・西奈克（Simon Sinek）曾說過一句名言：「先問，為什麼？」（Start with why），他還用這句話當作書名，寫了一本絕妙好書[48]。

實務導向的人通常執著於「是什麼」，這很重要，但如果少了「為什麼」，「是什麼」也就沒有意義、沒有使命了。「為什麼」是帶動人往前邁進的動力、是組織文化的基底。事實上，明確的「為什麼」往往能夠讓我們更容易找到正確的「是什麼」和「怎麼做」。

不論是大公司或小企業，定位與使命宣言都是指南針，明確指出組織為何而存在。這類宣言也是品牌的基石，其力量之強大不僅可以形塑企業文化，還能提供資訊輔助日常決策。清楚明瞭的宣言可以幫助創造出協調一致的團隊，也能讓每個人都走在正軌上。

然而，如果是過於制式又模糊的使命宣言，那又另當別論。比方說美國恒達理財公司（Edward Jones）的這條宣言：「恒達理財的使命是透過合作帶動正面影響，以增進客戶和同事的人生，並一同攜手讓我們的社區和社會更美好。[49]」

等等，這是在說什麼？地球上每一家公司都可以套進來吧！這不叫清楚明確或與眾不同的使命，不過是萬用卡而已。

「——這個組織有一項明確的使命：要讓人們的生命有所不同。我們的員工是當中最重要的部分。」單一項使命裡就有兩項常見的一般性宣言！你覺得上述的宣言到底是哪一家公司的？可能性高達二十五萬種喔！（呵呵，猜錯了。這是M＆T銀行〔M&T Bank〕）[50]

哈雷機車（Harley-Davidson）存在的目的並不是僅為了製造摩托車；誰都可以手工打造機車。這家車廠創造了一個社群，如果你想的話，也可以說創造出一個狂熱教派。「我們打造產品、服務與體驗，激勵顧客去發現冒險、尋找靈魂自由，過著哈雷式的生活風格。[51]」

「慈善：水」（charity: water）的使命宣言就是很傑出的範例：「『慈善：水』是一家非營利組織，給全世界的人潔淨安全的用水。」摘要很簡潔明確：「自二〇〇六年『慈善：水』創立以來，我們一直都在追逐一個雄心萬丈的目標：終結全球的水資源危機。水資源危機很嚴重，但我們很樂觀。我們知道如何解決問題，在當地夥伴與慷慨支持者協助之下，我們每天都有進展。[52]」

簡潔明確的使命宣言，能快速讓人清楚明白組織的意圖到底是什麼；他們的焦點很具體，成果也很明確。

但也有以下這種一般性、講空話的宣言：「我們的使命是讓每個人每天都更好，為所有人打造更美好的人生。」——這究竟是什麼意思？

以下這份宣言聽起來像另一家非營利事業，但事實上，主人翁是全球的大型餐飲服務企業索迪斯（Sodexo）。公司在網站上自述：「我們帶動職場生活的品質，透過客製化的解決方案幫助企業、公家機關及知名企業的經理人和大型活動的主辦人，以創造溫馨、有創意、高效且創新的解決方案，嘉惠所有人。」[53]——這段話我讀起來很困惑。

放在員工身上來看，使命的意義是要能驅使人們多做一點，不要應付完就算了。使命宣言應簡潔、務實且具體，才能清晰並引發動機，所以：

- **若你是組織的高階主管，請不要妥協接受能適用於幾千家其他公司的模糊、通用的使命宣言，沒有人會記住並熱情擁抱「跟別人也一樣」的原則。**「我們落實創新、以客為尊和卓越出色」——空話；「我們的價值觀是正直誠信、關懷和多元」——跟別人一樣；「我們存在是為了推進人類繁榮，提供能讓幸福升級的產品」——多有原創性！

- **要聚焦**。沒有企業能為「所有人」提供所有產品，這就好像你不能在導航系統裡輸入三個目的地。高效的使命宣言就像是眼鏡，意在為你提供精準的視野，看清楚你到底要往哪裡去。通用磨坊（General Mills）是一家在一百個國家擁有一百個品牌的大型公司，他們以一項很簡單的使命做為基石——「我們製造這個世界喜愛的食物」（We make food the world loves.）。
- **提出貨真價實且充滿抱負的**宣言。所謂的使命，是指有用的、更高層次的、更好的東西。「我們的存在是為了提供沒人在乎的一般性中階產品」不會引來人才、投資或顧客。「具體而言」你打算如何讓人們的生活大不相同？什麼叫不同？（想辦法讓A轉變到B的情況顯而易見）。
- **不要使用行話術語**。不要說「槓桿」、不要說「規模可變的端對端平臺」、不要說「改變賽局的關鍵使命綜效」。請設定你是要和小學三年級時的老師坐下來討論你的公司做什麼，所以你要用小學三年級的語彙寫出來。

- **以大型組織來說，單一的高階使命宣言或許無法適用所有的分部與部門**。每個分部都有自己的具體使命，這些單位裡的員工也都需要根據自己在組織裡的獨特價值，加以調整。特定的使命宣言會讓各部門的人更容易決定策略方向（與聘用正確的人選）。

讓我們回來看看幾家我經常去的幾家咖啡店。所有我愛的咖啡店都位在絕佳好地點，適合商務會談，也都提供好咖啡和好點心。然而，多數咖啡店都太擁擠太匆忙了，會讓我的幽閉恐懼症輕微發作。

但其中有一家有明確的使命：要營造舒適的社群環境，款待年輕媽媽／家庭聚會。我怎麼知道？這裡空間很大，有兩處放了玩具、鋪了地墊的寬闊遊樂區，架上有填充動物玩偶，有一張可以放八張椅子的大桌子，供團體聚會之用。媽媽和小孩都愛這個地方。（還有，這裡有很棒的香腸捲！）業主以三個詞總結他們創造的環境：真心、寬敞且溫馨。

事實上，當我寫到這一段時，旁邊就有一個爸爸一邊和朋友聊天，一邊和自己三歲大的小孩玩四子棋（Connect Four），星巴克不會有這種場面。這些年輕家長都在這裡花錢、把體驗上傳到社群，並且把其他的朋友也拉進來，他們也很喜歡這裡的空間，也會在這裡花錢。為什麼？因為這裡的「刻意設計」落實了店家宣示的企圖。有時，在傳達使命時，設計本身和文字語言一樣有說服力。

總之，去找到你想要為市場提供的「獨有」差異化價值，並用簡單一句話來表達。我身為清晰之王的主要使命是什麼？是要教導人們如何利用清晰燃料公式，成為出色的溝通者。這句話讓我穩穩望向目標。

一旦清楚知道什麼是你的「就是這個」之後，你就更能做好準備對其他的說：「不要！」

在我們之前提到的《先問，為什麼？》一書，作者賽門．西奈克一開頭就寫出一句非常簡潔生動的使命宣言：「賽門．西奈克正領導一場運動，鼓舞人們去做能鼓舞他們的事。」俐落、簡要、聚焦且讓人容易記住。

闡明短期的小目標是很容易的事，例如說要成長到某個等級、要賺到更高利潤、未來十年要接管全世界（呃，最後這一條可能不算短期的小目標），然而，你的「要讓事情在我離去時比我剛來到時變得更美好」的大格局使命是什麼呢？你能不能用一句話和家人朋友分享？這會讓你在生活與事業中的其他決策都變得更加清楚。

總結：組織需要以使命宣言確立自身的價值定位，內容要簡潔、務實而具體，能做為工作指引，確立決策方針。

清晰聚光燈

建立品牌，是有效建構使命宣言的手法之一

有目的地為一個部門建立品牌？這是什麼意思？

傑森・澤曼（Jason Zeman）面臨一項挑戰，他必須使用他打造系統、課表與人才的所有技能，才能克服挑戰。

他接掌了一家快速成長公司裡的培訓部門，這裡有很多待改革之處，整個部門並沒有真正的認同感。就像很多組織的培訓部門一樣，這個部門的員工被視為動手做事的執行者，而不是策略性夥伴。然而，這個部門需要的不只是明確的訊息，而是使命宣言。

澤曼很清楚，清晰對他自己的專業身分認同來說很重要，所以他籌辦了一個實戰工作坊，對團隊闡述明確的使命，納入關鍵詞、宣言和故事，以改變組織內其他部門的認知，並奠下基礎，藉此營造部門文化和帶動精準聚焦的行動[54]。

這項創舉非常成功，該部門很快就成長到有能力承接更多責任並聘用更多人力。之後幾年，針對部門經營品牌的做法傳至全球人力資源與領導發展領域，也導引出每年為新任領導者舉辦的溝通與個人品牌經營工作坊。

場景 7

品牌經營

「工廠製造產品，但人心創造品牌。」

——德裔美國品牌設計師　瓦爾特・蘭多（Walter Landor）

經營品牌的目標，是要在顧客心裡占有一席之地並贏得他們的心。**如果別人把你放在心上（記憶）和嘴上（推介），就能成功打造出色的品牌。**

快問快答：哪一家車廠的汽車幾十年來都享有「安全性」這個關鍵詞／精選片段？沒錯，就是富豪（Volvo），而這就是富豪汽車品牌的核心概念。

我曾經任職於一家企業名稱很容易被人遺忘、但產品大家都記得的公司，每當我們在跟客戶洽談時，講起公司名稱都會看到他們臉上掠過一抹困惑。然而，一旦我們講出自家打造的線上學習平臺時，他們就會眼睛一亮說：「喔，原來你們是學究平臺（Pedagogue）的人！」

後來發現，雖然我們也做其他類型的客製化軟體，但市場已經認定我們最獨特的核心認同與產品，換言之，我們已經在他們的記憶裡有了一席之地。人類大腦的頻寬有限，喜歡只記得一家公司的一、兩件事，而不是塞進一大堆的東西。

既然已經有了品牌識別度（有別人可以認出的品牌），我們就順勢做了一件合情合理的事：我們更改公司名稱，以反映產品名稱。

多數人認為名稱、標誌和標語是品牌的本質，但這些僅是一部分——只是表象與外在。有人認為，所謂的品牌是人們在市場中經歷過和你有關的體驗，亦即他們的認知。確實如此，但講到要如何對外呈現明確的訊息，那就要去看精鍊你獨特之處的宣言和故事，在這裡尋找品牌的真正根基——所謂的「品牌建立」，是用文字把概念和訊息濃縮包裹起來、傳播出去。

換言之，經營品牌時，清晰代表使用簡單且讓人記憶深刻的文字語言和畫面，精準闡述你的獨特價值和利基（niche，在市場上的甜蜜點）。你要自我分類，因為財富存在於利基市場中。

- 你的訊息主旨，要放在你為群眾緩解的主要痛苦，或你希望為他們實現的目標上（也就是他們的「WIIFM」）。你的目標顧客要找的是協助與成果，而不是陳腔濫調。
- 定義你的利基和獨特賣點，不要妥協接受聽起來和幾百家其他公司一模一樣的一般化訊息，若是如此，便無法在受眾心中獨樹一格，因為沒有人會記得大宗商品的供應商。
- 找到可以吸引RAS的有趣角度，如果不突出、不太出色，就會被遺忘。你絕對不想只是另一個銀行家／房地產經紀商／顧問／數位行銷公司。閱讀美國作家賽斯・高汀（Seth Godin）的經典行銷名著《紫牛》（暫譯，*Purple Cow*），該書對此概念有一番出色的見解。
- 你的品牌應該能總結五項明確的聲明：**是什麼**（提供的解決方案／產

品到底是什麼）；**是誰**（具體的目標客戶）；**為什麼**（要面對的顧客痛點或渴望是什麼）；**如何做**（獨有的超能力／能耐）；以及**哪裡**（服務的地理區域或市場）。這些精心編製的宣言是行銷方向、銷售手法及策略性決策的指南針。

- 你的品牌提供的內容／訊息要具體有形且易於描述（尤其對可能想推薦你的人而言），講述可以描繪品牌樣貌的故事，使用借用記憶鉤點的象徵語言。你是你所屬類別裡的賓士（Mercedes-Benz）嗎？贏得這個美名，然後善用這個類比。

我有些客戶想要編纂強力的品牌宣言，這時，我會鼓勵他們寫出類似以下的短金句：

「我們為（這個非常特定的市場；我稱之為「靶心顧客」）提供（這項產品／服務，要具體說明），透過我們的（差異化超能力）來（解決這項痛點／滿足這項被壓抑的需求）。」

舉個實例：「關心服務公司是一家個人化的交通服務公司，幫助三州地區行動不方便的人，讓他們能安全地往返醫療保健機構與其他地方就診。我們不是單純的路邊接送服務，而是直接上門的關心接送服務。」

簡單、生動地摘要你在市場中的獨特價值，是建立品牌的關鍵。品牌訊息是一種口語上的捷徑，能讓其他人精準地記住並推薦你。

在我的著作《清晰勝出》[55]中，有更多關於品牌建立與推介概念的詳細介紹，讀者可視需求自行參考。

總結：針對目標客戶、目標客戶的需求點、產品（服務）內容與特性，做出明確的市場區隔與差異性，是建立品牌的關鍵。

清晰聚光燈

做出品牌化差異，才有辦法在競爭激烈的市場中走得長久

羅馬爾學習解決方案（Romar Learning Solutions）多年來成功地為客戶提供服務，但該公司一直沒有體察到，原來他們和生命科學領域中的其他培訓服務供應商並沒有明顯的區隔。有很多回頭客請他們提供更多發展服務，但這些專案五花八門，要找到一個全面概括的主題，極具挑戰性。

這家公司知道自己很棒，客戶也明白這一點，但市場充滿了雜訊，各家供應商發出各種訊息，然而聽起來都像是互相抄來抄去。

為此，我們團體和羅馬爾的團隊舉辦了一次導引式團隊課程，列出公司的最重要成就，判斷公司有哪些重要優勢，然後想辦法清楚傳達該公司的專業，和其他公司做出區別。羅馬爾公司也因為一

個市場裡常見的問題而苦惱：公司做了很多事，但似乎彼此並沒有關聯。

收窄公司的能耐、匯聚成單一的核心訊息，是一件相當讓人卻步的工作，但我們達成了共識，精鍊成一項可以講得很清楚的認同，把所有工作細項彙整成一個整體。關鍵要素之一，是要提出夠具體但又更廣博的訊息，能隨著公司未來幾年持續發展不斷壯大。

羅馬爾團隊之後重新推出官網並更新行銷素材，強調單一顯著的訊息，明確地傳達公司的專業，並講出是哪些因素使得公司在學習產業中獨一無二[56]。

場景 8

個人品牌經營與職涯發展

「我們都要理解品牌經營的重要性。每一個人都是執行長，經營的公司就叫『我本人』。在現今的商業社會中，最重要的工作就是成為名為『你』這個品牌的行銷主管。」

——美國管理學家　湯姆·彼得斯（Tom Peters）

接下來你讀到的，是某個人放在 LinkedIn 上的個人檔案，概要描述了他目前擔任的職務：

「領導跨職能的商業營運團隊，打造出涵蓋大型全球矩陣組織的永續能力；憑藉企業洞見帶動的創新與持續改進的架構、工具和平臺，聚焦在共同創造、推演與落實涵蓋各區域與國家的整合且高效率多管道傑出行銷與傑出銷售流程，藉此與地區和相關夥伴互動；分析並根據基準指標衡量產業內、外的能力，創造同級最佳的能力以帶動卓越表現。」

嗯……你到底是誰？又到底在做什麼？這是很一般化的罐頭語言，充滿語焉不詳的術語。絕對談不上出色，不但很難讓人記住，也不太簡潔。

美國行銷專家馬克・薛佛在他的書《內容密碼》（暫譯，*The Content Code*）一書中說：「要找到自己的非凡之處，關鍵是要思考什麼能讓你驚喜、感興趣或覺得新奇。[57]」**能力→非凡之處→市場價值**。

薛佛也寫了《聞名》（暫譯，*KNOWN*）這本書，他相信，個人品牌會愈來愈成為個人唯一可長可久的競爭優勢。當你知道自己是一個怎麼樣的人、可以把什麼事做好，且能清楚地向別人傳達這些訊息時，就架起了人與人之間的橋梁，而這是廣告和演算法都無法複製的。

在自動化與人工智慧主導力愈來愈強的世界裡，可以帶來洞見、創意與實務應用的受信任專業人士，將會一年比一年更重要。資訊是大宗商品，而努力掙來的備受信賴專業，是稀有且寶貴的資源。

那麼，什麼是個人品牌經營？基本上，這是一種讓別人認識你這個人、你的聲譽以及你所代表事物的方法。這會影響到你能吸引到哪些機會、培養的人際關係與整體成就。以下是個人品牌經營之所以重要的具體理由：

一、**可以做出區隔**：在競爭激烈的就業市場或商業世界裡，擁有強大的個人品牌能幫助你與其他人做出區隔。個人品牌可以凸顯你獨特的優勢、技巧和經驗，讓你在潛在的雇主、客戶或合作夥伴眼中更有吸引力。

二、**確立可信度**：強大的個人品牌能幫助你在所屬領域建立起可信度和專業度，展現你的知識、技能與精力，這可以強化人們對你的信任與信心。

三、**有助於經營人脈網絡**：你的個人品牌也可以幫助你拓展人脈網絡，進而與志同道合的夥伴或是潛在客戶或合作廠商搭上線。這可以帶動有意義的對話與互動，導引出新的機會和結盟關係。

四、**推動職涯發展**：強大的個人品牌能幫助你推進事業與達成專業目標，提升你在所屬領域的能見度與名聲，帶來新的聘用與升遷機會。

五、培養言行一致的好習慣：要打造個人品牌，你要刻意經營自己的行動、溝通和行為且貫徹一致，長期下來，這可以幫助你培養好習慣、提升自我認知並建立好名聲。

有些人認為經營個人品牌概念裡有一個很「討人厭」的因素，覺得這根本就是自我推銷，但重點不在這裡。個人品牌單純是你講給市場聽的身分認同與價值摘要。在我看來，所謂的**個人品牌經營，是把「你」投射在有效語言文字裡的高效做法**。

人們會不自覺的在心中評價你這個人，那何不用精準的用詞來形塑和你有關的想法，而非只是見機行事？自我認知搭配以關鍵詞和簡短文具摘要的優勢與價值，將會成為你的導引，幫助你做出最好的職涯決策。例如你和別人有何不同？別人又怎麼看你有哪些優勢？

你的個人品牌會和你的職涯發展路線緊密相連。以下有一些建議，希望你在發展事業的同時，也要保持自我覺察。

- 不要貿然接下新職務，請先仔細思考你是不是真的適合，以及新工作是否契合你的目標。有些升職或進展對你來說可能是很糟糕的機會。切記，你要發展你自己的個人／專業價值宣言（以及關鍵詞和故事），在考慮新機會時，這是你的導航系統。
- 你大有可能精通四、五件事。多數人都有多重能力和興趣，但我們最想要確立的，是自己的「超能力」在哪裡：你的獨門功夫是什麼？請用一句話摘要說明。
- 如果你知道你打算對什麼事說「好」，就比較容易決定要對什麼事說「不」（這個道理也適用於企業與品牌）。你對自己獨有價值的認知，能幫助你在進行專業決策時，消除很多混淆與困惑。

多數企業和經理人偏好透過介紹來招募員工。演算法不會聘用你，你必須使用對大腦友善的傳遞訊息戰術，向別人推銷自己；人們無法同時記住五件事，所以告訴他們最重要的一點就好。

當你向目前或未來可能的雇主說明自己的價值何在時，可以套用我在前一章提到的企業品牌定位宣言格式，來編寫會讓人記住的個人／專業經營品牌宣言，即：「我為（特定類型的雇主）提供（特定的能力與經歷），透過我（與眾不同的超能力）來（緩解這個痛點／滿足這項持續的需求）。」

或者，也可以用馬克．薛佛的範本進一步摘要：「只有我能＿＿＿＿＿」（把你與眾不同或獨有你能提供的東西填入空格）。舉例來說，資訊科技的領導者可能會這麼寫：「我能帶入七年管理與發展程式設計師團隊的成功經驗，可以滿足軟體公司緊湊的發展時限，這裡需要的就是頻繁接觸的協作式領導能力。」

一位在全球企業工作的招募經理對凱瑟琳．奧特曼．摩根說，他用不到三十秒的時間掃描一份履歷之後，就知道裡面有沒有有趣的東西。大驚喜：一般性的術語很無趣。如果裡面沒有任何出色之處，他就會去看下一份履歷。為此，摩根說，即便你的資歷合格，也必須在一開始就講出來為何你的受眾應該在乎你。找出這個理由不是對方的工作，是你必須明確且快速做出溝通的責任。

能明確掌握自己的專業身分認同，在整個職涯發展過程中非常重要，尤其當你在企業規模縮編或要重返長期離開的職場時更是如此。這些時候通常會令人覺得非常焦慮，而且可能出現冒牌者症候群（imposter syndrome）：質疑自己值不值得、對他人而言是不是還有價值。

領導領域的高階主管卡莉・戈姆麗（Kari Gormley）指出，人壓力很大時多半會把重點放在負面事物上，大腦管理情緒和記憶的杏仁核（amygdala）會因恐懼而激動——因為懷疑而什麼都做不了[58]。為此，我們很容易捲入漩渦，深信損害自信的負面故事、宣言和用詞。這時我們需要由他人對我們說出純淨的事實、抵銷不健康的想法，而我們可以用個人品牌來強化自己。

我曾為幾十位才華洋溢的客戶進行諮商，當時他們都因為轉職問題而意氣消沉。事實上，我二十四、五歲時也經歷了突如其來的職涯轉向，讓身為專業人士的我覺得完全迷失了方向，我不知道自己是誰、要去哪裡，也不知道我能帶來哪些價值。當時我好希望自己有個教練，為我點出我確實擁有的正面優勢，來幫助我重新描述內在的自我價值。

到頭來，你的身分認同（用來描述你特有優勢、技能、價值和經驗的文字語言）是否清晰，對於你如何經歷這類艱困時期非常重要。自我認知價值並非取決於現在的職務，也不由其他人的反應決定，反之，這向來是獨立的存在且不受環境影響。你仍然具備能增添特定價值的能力，你還能帶來有形的貢獻，你仍然擁有可以分享的成功故事，凸顯出我們能做什麼。

如果你心裡很清楚，你會更有信心，帶著你說給自己聽的自我認同訊息走向市場。你可能需要外人的眼光才看得到，你也必然需要大量的內在自我輔導才能好好維護下去。

知己知彼，百戰百勝，你的個人品牌重點是要理解自己，並（巧妙地）和別人分享你的訊息。

總結：在自動化與人工智慧主導的世界中，理解並確立自己的能力與非凡之處，是經營個人品牌與職涯的關鍵。

場景 9

社群媒體

「一條很武斷的規定[59]，引領我進入寫出好作品的陣營：簡潔勝出！」
——加拿大作家　麥克・溫特（Michael Winter）

我很早就跳進社群媒體的世界，並因此顛覆了我的寫作方式。經營部落格幫助我找到寫作韻律，也讓我發展出對於溝通的想法，然而，迫使我學著精鍊的是X（前推特，推特一開始有一百四十字的發文限制）。把想法壓縮成很小的單元，一開始感覺很怪，但社群媒體簡短扼要的美處，在於每個創作者都要練習精簡，以因應人們有限的注意力集中時間。

在學術界時，我（以及很多其他人）學到的是要詳細與完整；如今，我們必須零碎地溝通，重點是「片段」。

謹守聚焦這項紀律，是能否成功運用社群媒體的重點。聚焦的意思，是要讓訊息很容易被人吸收；但也需要有明確的焦點——知道你的受眾是誰、他們要從你身上挖哪些寶。「亂槍打鳥」並不是高效運用社群媒體的好公式。

大致上，多數社群媒體貼文（不論是文字、影片還是圖片）的重點，都要直指核心。如果是長篇一點的文章或影片，最好在一開始就能吸引人，否則沒有人會全部看完。**在快速點擊的網路世界裡，清晰勝出**。

社群媒體是很好的訓練場，可以用來練習打造對ＲＡＳ友善的訊息，但當中也有很多危機。以下是我根據幾年親身經驗得出的一些心得：

- 通用的規則是，不要在社群平臺上發表冗長論文。社群媒體本來就是為了短期的注意力與閱讀所打造的，不適合長篇大論。你是在創造記憶點和印象，而不是要提供教學。
- 貼文或文章附帶的視覺效果，往往可以提高興趣和吸引力；你想達成的目的，是誘惑喜歡視覺刺激的RAS。

- 利用簡潔手法與捷徑來打包書面訊息（不要發送冗長乏味的文字段落），以提高貼文的互動性。例如，如果要在部落格上寫一篇長文，請你利用標題和條列式重點將長文拆開來。
- 在公共平臺上分享時，要小心不要涉入爭議性的主題。在這個極化對立的環境中，就算是看起來無害的留言，也有可能回過頭來反咬你一口。你可能覺得自己是對的，但這個世界就好比一個大水池，有太多不同的心理與情緒元數據。政治、社會、技術與哲學性的留言，通常都需要好好解釋與細微處理，然而，這在社群平臺上根本做不到。
- 明智選擇你要在社群平臺上做什麼。要知道你的時間投資報酬率（Return On Time Investment）是多少，以積極經營你的目標群眾最活躍、最容易出現的地方（對我來說是在專業型網站上，也就是LinkedIn）。不見得每個平臺都能為每個人帶來相同的價值。
- 切記：網路不會遺忘。深呼吸，好好檢視一番，說不定就會刪掉你原本打算發布、但會踩到別人痛腳的貼文。一則輕率的推文或迷因，很可能毀了你的名聲。

如果你要經營社群媒體，目的得清楚。社群媒體的最佳用途之一，就是以你有興趣的領域為核心，持續分享見解和其他資源，為自己確立思想和意見領袖的地位。長期在社群媒體上灌注點點滴滴，能讓你在別人心中留下穩健且能讓人記住的印象，如果你很慷慨且也能用專業幫上忙，那就更好了。

總結：社群媒體是為了短期的注意力與閱讀而打造，不適合長篇大論；網路不會遺忘。發言時應避免爭議性主題和不當發言。

清晰聚光燈

刪除修剪，是為了更加鏗鏘有力

自稱「正在復健的投資銀行家」（這是很出色的記憶飛鏢）的作家、投資人兼企業高階主管顧問卡蘿・蘿絲（Carol Roth），做電視節目超過十三年，她針對當前的社會事件與商業議題的意見發表，有時候很有挑釁意味。她很善於講出很有吸引力的金句，且不限於在電視上。二〇一二年，她和電視節目主持人兼友人皮爾斯・摩根（Piers Morgan）X平臺上鬥嘴，最後以一則令人發噱的推文作結，有興趣的人請去 Google 搜尋「right next to the word 'muskets'」（就在「毛瑟槍」這個詞旁邊）這句話（譯注：這兩人辯論的主題是槍枝管制議題，摩根一開始說美國制定憲法第二修正案考慮的武器是毛瑟槍〔musket〕這種殺傷力較低的自衛用武器，而不是火力強大的攻擊武器。蘿絲回覆，指制定修正案時想的是讓被攻擊的人有權持有與攻擊者相同的武器反擊；摩根再問這條規定在憲法哪裡找得到，蘿絲回覆，她講的那一句「就在『毛瑟槍』這個詞旁邊」，暗諷摩根不理解憲法規定的是原則，而不是實務細節）。

這句「金句」威力強大，開始在網路瘋傳，接下來那個星期，追蹤她的帳號的人多了約二五％。到今天已經過了十幾年，還是經常有人會講到這句話[60]。

卡蘿・蘿絲是經驗老道的作家，她很清楚如何用最少的文字把概念包裹起來且讓人記憶非常深刻。她說，這和強調口號與廣告詞會自行鑲嵌在我們心裡，是相同的概念。

另外，她提到喜劇演員會定期在一群現場觀眾前面預演笑話，以找出如何「修剪」笑話，來達到最佳的喜劇效果。「修剪是為了更加鏗鏘有力」對每一類型的溝通者來說，都是很好的口號。

場景10

人脈經營

「成為名人（至少對你的潛在客戶和人脈來說）是經營人脈過程中，最有價值的元素。」

——美國知名業務員　傑佛瑞・基特瑪（Jeffrey Gitomer）

講到經營人脈，臉書母公司元平臺（Meta Platforms）的執行長馬克・祖克柏（Mark Zuckerberg）說：「人會相互影響，沒有什麼比值得信任的朋友所提出的推薦，更能影響一個人了。值得信任的人所做的推薦，比最好的大眾傳播訊息的影響力還要大，是廣告界大家都要的聖杯。」

人可以開啟機會之門，創造推進的新管道，比演算法高明多了，但你必須清楚地表明你是怎麼樣的人、要往哪裡去，別人才知道要開啟哪一道門。

我最喜歡的任務之一，就是幫助人們成為高效的經營人脈能手。我天生內向，多年來在社交場合中一直惶惶不安。我以為經營人脈就是閒聊，而我不是很喜歡講流於表面的應酬話，因此，就和很多內向的人一樣，我多半找一、兩個人深聊。但是我發現，不論場合大小，總是會有人很難簡單明瞭講出來自己是誰、他們在做什麼。在經營人脈的場合，彼此相遇的時間通常很短（至少在一開始的時候是這樣），因此把話說清楚講明白很重要。拿出名片或提到職稱，無法真正突破表面繼續談下去，與此相對，我會問一些問題，想辦法讓對方講出一些故事。這是因為，嗯，我很好奇。而到最後，一些很有趣的內容也會因此就浮出檯面。

我不善於閒聊，但我很會問問題、分析、釐清與理解對方，這是我經營人脈的風格。一旦我仔細傾聽別人的故事，甚至可能會幫他們清楚總結他們的使命與價值，如此，我就可以在我的記憶裡精準把對方分門別類；這樣我也有了獨門的優勢，可以去做最具附加價值的商業操作：協助推薦介紹。

你的專業人脈網絡是你未來機會的源頭，因此，你需要讓網絡裡的人都很清楚你是什麼樣的人，要用最能描繪你這個人、讓人印象深刻的文字語言和畫面來描繪自己。

- 不要馬上透露你的需求或專業目標，如此多半會讓聽你講話的人，立刻把大腦關起來（請記住，他們在找的是「WIIFM」）。請先簡單明快介紹自己，同時也導引對方談一談自己。
- 化身成探問故事的人，營造溫馨且有趣的關係，問對方的職務、目標、需求、挑戰等。在認識別人的時候，我有時會問：「請告訴我你的故事，挑戰用六十秒講完。」結結巴巴講了幾秒鐘後，他們會提到一些亮點，而這就是我需要的助力，讓我繼續提問，延續對話。每個人都喜歡講自己的事，所以請把焦點放在對方身上，帶著興趣去聽。
- 一定要準備好一些你可以說給別人聽的簡短故事，說明你能帶來哪些價值、想要開啟哪一類機會大門。不要假設你見到的人會很清楚你在做什麼、會知道你要找的適合業務機會是怎麼樣。你需要把元數據植入他人心中，並勾畫出圖像。

- 把你經營人脈的目標設定成幫助他人達成他們的目標。請記住：有很多人願意幫助你，但前提是你要能以簡單扼要的方式，讓他們理解你的專業為何。如果講得太籠統，他們不會推薦你。
- 務必繼續經營維繫現有客戶，他們是你最好的推薦和介紹的來源。另外，不管你信不信，對於你有哪些商業價值，他們的理解通常都不完整或不準確。為此，給他們一些很容易就可以傳遞的文字語言與故事，讓他們便於告訴其他人。

如果想要深入理解推介人脈網絡的力量與實務操作，最後，我要推薦我的書《清晰勝出》，請你快速看一下。

這本書事實上是一本相當實用的手冊，用來說明如何運用清晰架構，用意是要給最多群眾一些馬上就可以使用的精華摘要，在最常見的環境下很好用。你可以自己應用這些實務操作，但想要發揮最大效果，就要由團隊和公司一起合作，共同擁抱這套方法以帶動組織轉型。清晰燃料公式是一套眾人期待已久、能一體適用的高效人際溝通標準做法，而且可以調整，幾乎不管哪一種場合都可應用。

總結：想要開拓人脈，除了要準備一些故事，用以說明自己可帶來的價值與想要尋找的機會以外，更要學習探問他人故事的方式，真誠地了解對方。

清晰聚光燈

把專業實體化，就能使之變現

丹妮爾深耕溝通產業數十年，近期是在拉姆齊解決方案（Ramsey Solutions）擔任資深演講稿撰稿人；後來她決定創業，創辦自己的演說諮商公司——演說專門店（The Speak Shop）[61]。

她有一位鄰居知道我很樂於幫助新的創業家與新創公司，做定位與品牌經營方面的工作，於是介紹我們兩人認識。喝過咖啡（當然要喝咖啡）、談過幾次視訊通話之後，我們用腦力激盪的方式找出她的期望與經驗，得出一個獨特的訊息與一整套可以提供的產品服務配套，其中包括兩個明確定義的潛在目標客戶集合。

丹妮爾的專業豐富、知識淵博，但她也遭遇許多傑出創業家長年面對的挑戰：要聚焦在哪裡？又該怎麼說？事實上，這對很多歷史悠久的企業，一樣也是時時得面對的挑戰。

對丹妮爾來說，最有幫助的是掌握了顧客會接受的範本、架構與系統（具體細節）。一般來說，愈早做出這些東西（然後講得出來），就能愈快打造出品牌價值。

幾年前我也親身走過同樣的過程。顧客可以看到「清晰」很有

> 價值，但如果這是一個很抽象的概念，他們不會買。然而，他們知道要怎麼購買工作坊的服務，因此我推動了一套清晰工作坊的課程。人們都想要專業技能，如果把專業包裹成具體且有形的提供內容，他們會更容易掏錢。

微軟最近針對全世界三十一國的三萬一千位專業人士進行調查，並分析幾兆種他們所說的「生產力訊號」，涵蓋微軟 Microsoft 365 全系列套裝中的各項產品（包括 MS Office、Teams、OneDrive、Outlook 和其他解決方案）[2]。而他們得出的結論凸顯了一點：講到效率與生產力，確實非常需要更好的溝通實務做法。他們得出的一些數據包括：

- 一般員工把五七%的時間花在溝通上（開會、電子郵件和聊天）；四三%的時間用在創造上（編製文件、製作試算表、做簡報）。
- 干擾生產力的頭號大敵是無效率的會議，緊追在後的是（第三名）會議太多。那中間的第二名呢？沒有清楚的目標。

- 五五%的人說，不知道開完會後接下來要做什麼；五六%的人說，很難去摘要會議中到底發生了什麼事。

運用如「清晰燃料公式」裡講到的這些溝通技巧所帶動的生產力，可以大幅提升員工的滿意度並省下大量成本；如果可以在企業全面落實這套方法，效益會更加顯著。

無論規模大小，每一類產業和組織都可以藉由設定目標運用這套清晰架構而受惠。我們也可以在一系列的工作坊中，擴大與應用本書中簡要談及的每項實務做法，並根據組織特定的工作流程需求去套用清晰的概念。請參見附錄作者提供的清晰工作坊，以獲得更多相關資訊。

現在你懂規則，也有工具了。事實上，每一個人、每一種職務或專業（發誓終生要禁語的僧侶可能是例外），都可以因為更簡單、更清楚的溝通而受益。你要用之後的人生來練習在本書中學到的技巧，與你互動的每一個人都會欣賞你的努力。

現在，你已經準備好在雜訊之戰中勝出了。讓我們直接切入重點，好嗎？說清楚講明白就對了！

謝辭

我要對多年來支持我在這方面努力的各位，表達誠摯謝意。

- 位在田納西州、鼓勵我的美國中西部的鄉親們，包括：高雅咖啡店（High Brow Coffee）、艾蘿伊咖啡店、基督教會（Christ Community Church）和人稱甜甜圈教會（donut church）的西避風港男人廝混團體（Westhaven Men's Hangout group）。
- 感謝所有顧問人員、講者與思想領袖同行，謝謝你們在我對清晰這個觀念的思考過程中，慷慨地給予我寶貴的回饋和建議。
- 感謝生命科學培訓與教育人員網絡（Life Sciences Trainers & Educators Network，簡稱LTEN），他們多次參與專業工作坊，幫忙形塑了清晰燃料公式。
- 感謝專業、傑出的編輯與作者教練喬許・柏諾夫。
- 感謝摩根詹姆士出版社（Morgan James Publishing）的團隊，他們對於清晰訊息深信不疑，並在這個直指重點的複雜過程中持續提供巧妙的指引。

- 最重要的是感謝看顧人的上帝，祂看顧我、引領我，給予我最豐富且最持久的清晰原理與實務做法。這一切、我的一切，都屬於祢。

附錄

加強清晰表達的相關資源

多年來，我用每一種可能的形式帶領我的許多客戶進行清晰工作坊，這些課程有一部分是實體的，有一部分是線上的；有大班制也有小班制；有在地性也有全球性的；有短短的單堂演講，也有為期數天的課程。但目標永遠不變：要培養出直接、長久且影響力深遠的技能。

想獲得更多關於清晰的專題演講和工作坊資訊，以了解它們能如何帶領你和你的團隊在溝通上更上一層樓，表現得更加卓越，請參考 www.clarityfuelworkshops.com。

我很高興看到幾年來／幾十年來／千年來有這麼多人都對清晰的相關討論貢獻良多，我是諸多試著把簡潔與理性帶進這個吵雜世界裡的聲音之一。

以網路分享資源比較容易，因為這樣不僅我會比較容易更新列表，且能馬上提供有用連結。因此，我要請各位讀者前往 www. thepointbook.info，瀏覽一下我推薦的書籍、專家、文章以及其他資源。

如果讀者希望更深入鑽研本書中提到的詳細參考資料，上述的頁面也有可連到這些文章與書籍的有效連結。Amazon 上可以找到我的書《清晰勝出》，縮短連結如下：www.claritywins.org。

註解

1 "Builders demolish Russian oligarch's French chateau," *BBC* website, December 5, 2012.
2 "Current World Population," worldometer website.
3 "2023 The State of Business Communication," Grammarly Business website
4 Manuel Noriega's Favorite Playlist," Agent Bill Wilson, YouTube playlist, last updated March 9, 2021.
5 Mark Schaeffer, "Content Shock: Why content marketing is not a sustainable strategy," Businesses Grow blog
6 Rebecca Moody, "Screen Time Statistics: Average Screen Time in US vs. the rest of the world," comparitech website, updated March 15, 2023
7 Jack Flynn, "35+ Amazing Advertising Statistics [2023]: Data + Trends," Zippia website, January 16, 2023
8 Jack Flynn, "20 Incredible Productivity Statistics [2023]: Average Employee Productivity in the U.S.," Zippia website, November 2, 2022
9 "Volatility, uncertainty, complexity and ambiguity," Wiki-pedia
10 Josh Bernoff, personal interview
11 Ann Latham, *The Power of Clarity* (London: Bloomsbury Business publishing, 2021), Edition 1, p. 7
12 Brian Fugere, Chelsea Hardaway, Jon Warshawsky, *Why Business People Speak Like Idiots: A Bullfighter's Guide* (New York, NY: Free Press, 2005), Edition 1
13 George Markowsky, "Physiology," Britannica website
14 "Reticular formation," Wikipedia
15 "Reticular Activating System: Definition & Function," Study dot com website

16 Milo O. Frank, *How to Get Your Point Across in 30 Seconds or Less* (Gallery Books, reissue edition April 15, 1990), p. 14.

17 Michael W. Richardson, "How Much Energy Does the Brain Use?" BrainFacts on-line, February 1, 2019

18 Daniel Levitin, *The Organized Mind* (New York, NY: Plume, division of Penguin Random House, 2014), Edition 1

19 Jack Appleman, personal interview

20 Thomas Clifford, personal interview

21 Kevin and Jackie Freiberg, "20 Reasons Why Herb Kelleher Was One Of The Most Beloved Leaders Of Our Time," Forbes, January 4, 2019

22 Barbara Minto, *The Pyramid Principle: Logic in Writing and Thinking* (London: FT Publishing International, 2021) Edition 3

23 Catherine Morgan, *This Isn't Working! Evolving the Way We Work to Decrease Stress, Anxiety, and Depression* (Pensacola, FL: Indigo River Publishing, 2023), Edition 1

24 Jim VandeHei, Mike Allen, Roy Schwartz, *Smart Brevity-the Power of Saying More with Less* (New York, NY: Workman Publishing, 2022), Edition 1, p. 2

25 David Rock, *Your Brain at Work* (New York, NY: HarperCollins Publishers, 2009), Edition 1, p. 25

26 Josh Bernoff, "Bad Writing Costs Businesses Billions," *Daily Beast*, updated April 13, 2017

27 Donald Davidson, PhD, personal interview

28 Bob Goff, Live in Grace, *Walk in Love* (Nashville, TN: Thomas Nelson Books, 2019), Edition 1, p. 385

29 Steve Woodruff, "Successfully Partnering with Suppliers," *LTEN Focus*, summer 2017 Edition

30 Blue Spoon Consulting website

31 Kim Catania, personal interview

32 Steph Dreyer, personal interview

33 Alison Quinn, personal interview

34 Chip Heath and Dan Heath, *Made to Stick: Why Some Ideas Survive and Others Die* (New York, NY: Random House Publishing Group, 2007), Edition 1, p. 110

35 Chris Kolmar, "75 Incredible Email Statistics [2023]: How Many Emails Are Sent Per Day?" Zippia website, March 30, 2023

36 *Smart Brevity: The Power of Saying More with Less, Axios and Gallup Communications Study*, Axios and Gallup

37 Janice Tomich, "80% of Presentations Fail-Do Yours?" Janice Tomich website

38 Guy Kawasaki, "The 10/20/30 Rule of PowerPoint," October 24, 2016, Guy Kawasaki website

39 Michael Stelzner, personal interview

40 Tom Martin, personal interview

41 David Davis, personal interview

42 Gallup (Marcus Buckingham and Donald Clifton), *Now, Discover Your Strengths: The revolutionary Gallup program that shows you how to develop your unique talents and strengths* (Washington, DC: Gallup Press, 2020)

43 Jennifer Muscik, personal interview

44 John Novello, personal interview

45 Jeffrey Taylor, personal interview
46 Steve Haase, personal interview
47 Simon Sinek, *Start With Why: How Great Leaders Inspire Everyone to Take Action* (New York, NY: Penguin Books, 2009) Edition 1
48 "Our Purpose," Edward Jones website
49 "Purpose & Values," M&T Bank website
50 "Investor Relations," Harley-Davidson website
51 "About us" charity: water website
52 "About us" Sodexo website
53 Steve Woodruff and Jason Zeman, "Branding the Training Department at Valeant," *LTEN Focus*, winter 2016 Edition
54 Steve Woodruff, *Clarity Wins* (Franklin, TN: ClarityFuel Publishing, 2018), Edition 1, available on Amazon
55 Romar Learning Solutions website
56 Mark Schaefer, *The Content Code* (Schaefer Marketing Solutions, 2015), Edition 1
57 Kari Gormley, personal interview
58 Carol Roth, personal interview
59 The Speak Shop website
60 Microsoft Worklab, Work Trend Index Annual Report, "Will AI Fix Work?"

創新觀點

重點：99%的訊息都是雜訊！瞬間獲取注意力的最強溝通法則

2024年11月初版　　定價：新臺幣380元

著　者　史帝夫・伍德拉夫
譯　者　吳書榆
叢書主編　林映華
副總編輯　陳永芬
校　對　鄭碧君
內文排版　顏麟驊
封面設計　職日設計

出版者　聯經出版事業股份有限公司
地　址　新北市汐止區大同路一段369號1樓
叢書主編電話　(02)86925588轉5306
台北聯經書房　台北市新生南路三段94號
電　話　(02)23620308
郵政劃撥帳戶第0100559-3號
郵撥電話　(02)23620308
印刷者　文聯彩色製版印刷有限公司
總經銷　聯合發行股份有限公司
發行所　新北市新店區寶橋路235巷6弄6號2樓
電　話　(02)29178022

編務總監　陳逸華
總編輯　涂豐恩
總經理　陳芝宇
社　長　羅國俊
發行人　林載爵

行政院新聞局出版事業登記證局版臺業字第0130號

本書如有缺頁，破損，倒裝請寄回台北聯經書房更換。　ISBN 978-957-08-7513-3 (平裝)
聯經網址：www.linkingbooks.com.tw
電子信箱：linking@udngroup.com

國家圖書館出版品預行編目資料

重點：99%的訊息都是雜訊！瞬間獲取注意力的最強溝通法則/史帝夫・伍德拉夫著．吳書榆譯．初版．新北市．聯經．2024年11月．248面．14.8×21公分（創新觀點）
譯自：The point: how to win with clarity-fueled communications
ISBN 978-957-08-7513-3（平裝）

1.CST：人際傳播 2.CST：溝通技巧 3.CST：說話藝術

177.1 113015292